레몬쌤의 **진짜
영문법**2

레몬쌤의 진짜 영문법 2

초판 1쇄 펴냄 2016년 1월 30일
2쇄 펴냄 2019년 9월 6일

지은이 이혜영
펴낸이 고영은 박미숙
펴낸곳 뜨인돌출판(주) | 출판등록 1994.10.11.(제406-251002011000185호)
주소 10881 경기도 파주시 회동길 337-9
홈페이지 www.ddstone.com | 블로그 blog.naver.com/ddstone1994
페이스북 www.facebook.com/ddstone1994
대표전화 02-337-5252 | 팩스 031-947-5868

ⓒ 2016 이혜영

ISBN 978-89-5807-599-8 14740
ISBN 978-89-5807-598-1(세트)

이 도서의 국립중앙도서관 출판예정도서목록(CIP)은 서지정보유통지원시스템 홈페이지
(http://seoji.nl.go.kr)와 국가자료종합목록 구축시스템(http://kolis-net.nl.go.kr)에서
이용하실 수 있습니다. (CIP제어번호 : CIP2016001891)

레몬쌤의 **진짜 영문법 2**

이혜영 지음

DSL

어린 시절 〈113 수사본부〉라는 드라마가 있었어요. 〈수사반장〉이 범죄자를 잡는 드라마였다면 〈113 수사본부〉는 간첩 잡는 이야기였지요.

한번은 참한 이미지의 여배우가 간첩으로 나왔어요. 착한 간첩이었지요. 그러나 직함이 간첩이다 보니 어쩔 수 없이 도망을 다니게 되었어요. 도망을 다니다 다니다 결국은 산으로 숨었어요. 추운 겨울이었지 싶어요. 산 위에서 덜덜 떨면서 불빛이 넘실거리는 서울 거리를 내려다보며 그녀는 이렇게 말해요.

"세상에는 따뜻한 집들이 저렇게 많은데 왜 나에게는 단 하나도 허락되지 않는 걸까?"

어린 마음에 어찌나 슬프던지…. 추운 겨울에 따뜻한 집에 있으면 그 대사가 가끔 생각이 나곤 해요. 도망칠 필요 없이 따뜻한 집에 있다는 사실에 감사해야 한다는 마음과 함께요.

공부에도 따뜻한 집이 필요해요. 추운 날 집에 있어 따뜻할 수 있는 것처럼 복잡하고 멀어 보이는 언어들에도 집을 만들어 주면 따뜻하게 공부할 수 있겠지요.

지난여름, 스모키 마운틴의 한 호텔에 묵은 적이 있어요. 체크인을 하러 호텔에 도착했을 때는 어둑어둑했고요, 낡은 의자에는 사람들이 앉아 편안하게 쉬고 있었어요. 호텔만큼이나 깊은 역사를 간직하고 있을 것 같은 그 낡은 의자들이 너무 마음에 들었어요. 그 사이를 왔다 갔다 하면서 독서를 하면 좋겠다는 생각이 절로 들더라고요. 마음이 따뜻해지면서 말이지요.

집을 튼튼하게 짓는 것도 중요하지만 마음에 쏙 드는 아름다운 가구들을 들여놓는 것도 중요한 일인 것 같아요. 사전 공부를 하며 단어를 다지고 독서를 하고 문법의 구조를 이해하고 작문을 하는 것들이 집을 짓는 일이라면, 숙어들을 외우고 패턴들을 외워서 좀 더 세련되고 아름다운 말을 만드는 것은 가구를 들여놓는 일과 같겠지요. 어서어서 튼튼하고 아름다운 집을 짓고 가구를 들여놓자고요.

그럼 그동안 닦아 둔 영어 집의 토대를 잠시 훑어 볼까요.

| 기본 5형식

거의 모든 문장은 5형식 안에 집어넣을 수 있어요. 이건 아무리 생각해도 넝쿨째 굴러온 복덩이 같은 사실이에요. 더 기쁜 소식은 그 다섯 가지 형식 중에서 정말 속을 썩인다 싶은 건 4, 5형식뿐이고요, 더 더 기쁜 소식은 4, 5형식도 반복을 통해 자꾸 파헤치다 보면 별거 아니라는

거예요. 중요한 건 4, 5형식이 속을 썩이고 않고가 아니고요, 4, 5형식을 염두에 둔 기본 5형식을 찾아내는 습관을 만드는 일이에요.

한 문장에서 전치사구와 부사를 빼내고 그다음에 주어, 동사를 찾아내고 나면 남는 게 있겠지요? 1형식은 주어, 동사만 있으니까 아무것도 안 남을 테니 제외하고, 만일 뭐가 남았다면 그건 명사일 가능성이 굉장히 커요.

1형식   주어 + 동사

2형식   주어 + 동사 + 보어
                        명사 또는 형용사

3형식   주어 + 동사 + 목적어
                        명사

4형식   주어 + 동사 + 간접목적어 + 직접목적어
                              명사   명사

5형식   주어 + 동사 + 목적어 + 목적격보어
                         명사   명사 또는 형용사

1형식을 빼고 나머지를 보면 동사 뒤에 올 가능성이 있는 뼈대는 보어와 목적어뿐이지요. 그런데 정말 많은 문장이 3형식이에요. 3형식은 뒤에 목적어가 오는데 목적어 자리에는 반드시 명사만 온다고 배웠어요.

일단 대세를 장악하고 있는 3형식이 목적어를 취하므로 대부분 문장의 동사 뒤에는 명사가 올 가능성이 많다고 할 수 있지요. 게다가 4, 5형식도 동사 뒤에 목적어가 오므로 역시 명사가 오겠지요?

2형식은 동사 뒤에 보어가 오게 되어 있어요. 이 보어 자리에도 명사, 형용사 두 가지가 올 수 있어요.

확률상 동사 뒤에 명사가 올 가능성이 엄청나게 높다는 걸 알 수 있어요.

| 5형식을 한 번에 파악하기

자, 다시 정리를 하면 전치사구와 부사를 버리고 주어, 동사를 찾고 나면 그 뒤에는 목적어와 보어가 올 수 있다는 걸 알았어요. 아무것도 없으면 1형식이고요.

목적어 자리에는 명사만 오고, 보어 자리에는 명사, 형용사 두 가지가 오지만 전체적으로 볼 때는 명사가 올 확률이 월등히 높고요. 만일 동사 뒤에 형용사가 왔다면 그건 무조건 2형식이에요.

문장 분석을 하는데 동사 뒤에 명사나 형용사를 발견했다면 일단 2형식이나 3형식을 염두에 두고 해석을 하면 돼요.

그런데! 명사 뒤에 뭐가 또 하나 더 있다면 이땐 얘기가 달라져요.

2, 3형식이 아니라는 거지요. 이때부터는 4, 5형식의 가능성을 염두에 두고 봐야 해요. 만일 명사 뒤에 뭔가 있다면 그건 명사나 형용사일 거예요. 왜냐하면 4, 5형식에서 명사의 뒤에 오는 것은 직접목적어와 목적격보어잖아요. 역시 목적어와 보어인데 목적어 자리에는 명사만 오고 보어 자리에는 명사, 형용사 둘 다 올 수 있어요.

그래서! 만일 명사 뒤에 다시 명사가 나왔다면 그건 4, 5형식일 가능성이 있는 거고요. 만일 명사 뒤에 형용사가 나왔다면 그건 5형식이에요.

■ We call Tom a star.

이 문장을 분석해 볼까요? 먼저 전치사구와 부사를 빼려고 보니 없네요. 그럼 패스. We는 주어, call은 동사예요. 그런데 동사 뒤에 Tom이라는 명사가 있어요. call이 불완전자동사가 아니므로 주어 + 동사 + 목적어의 3형식으로 보려는데 앗! 그 뒤에 뭐가 또 있네요?

그러니까 주어, 동사 뒤에 명사가 나오고 또 뭔가가 나오면 이때는 4, 5형식의 가능성을 염두에 두고 문장 분석을 진행해야 하는 거예요.

그럼 이제 We call Tom a star가 4형식인지 5형식인지 따져 봐야겠지요? 4형식의 동사는 수여동사예요. 수여동사는 말 그대로 '준다'라는 의미가 있어요. 그래서 찾기가 수월해요. call은 '준다'라는 수여동사와는 거리가 멀어 보이므로 이 문장은 5형식이라는 결론이 나요.

| 4, 5형식 해석법

4형식은 해석하기가 쉬워요. 보통 간접목적어에게 직접목적어를 준다거든요. 그런데 5형식은 좀 애매해요. 그래서 저는 둘씩 묶어서 해석하길 권해요.

We call을 묶어서 '우리는 부른다'. Tom a star를 묶어서 '톰은 스타다' 이런 식으로요. 그리고 나서 '우리는 톰을 스타라고 부른다'로 정리를 하는 거지요. 이 해석법은 4형식인지 5형식인지 애매할 때도 아주 유용하게 쓰여요.

예를 들어 I give Tom a book이라는 문장은 5형식이 아니에요. 왜냐하면 '나는 준다'는 가능하지만 '톰은 책이다'라고 할 수 없으니까요.

| 명령형

명령형은 말 그대로 명령을 하는 건데요. you라는 주어를 생략했다는 걸 꼭 기억하길 바라요. 그래서 문장 분석을 할 때 명령형이 나오면 꼭 괄호를 하고 you를 써 넣어 주세요. 예를 들어 문장 분석을 하려는데 주어는 간데없고 동사만 달랑 있어요. 그럼 명령형이라고 생각을 하고 맨 앞에 괄호 열고 you를 쓰는 거예요.

예를 들어 Go to your room이라는 문장을 분석해야 한다면, 일단 to your room이 전치사구니 빼고요, Go만 남겨요. 그런데 달랑 동사만 있으니 명령형이겠지요?

■ (You) Go (to) your room.
　　주어　동사　　전치사구
　(너는) 너의 방으로 가라.

| 또 다른 문장 분석

■ There was darkness.

저는 어린 시절에 There + be동사 문장에서 There는 유도부사라고 배웠어요. 그런데 미국에 와서 보니 there를 대명사 취급을 하더라고요. 만일 대명사라면 주어의 지위를 가질 수 있겠지요? 그런데 There가 주어가 되면 그 뒤에 있는 darkness가 보어가 되면서 의미가 바뀌게 돼요. 그래서 이때 There를 대명사로 보고 dummy subject, 굳이 해석을 하자면 '문법상의 주어'라고 하여 뒤에 있는 darkness를 진짜 주어로 보는 거예요. 영어의 문법과 우리나라 사람들이 보는 문법이 다르지요?

문법이 물론 중요하지만 문법은 문장을 이해하는 도구로서 중요한 것이지 문법 자체에 너무 매일 필요는 없다고 생각해요. 그래서 독서가 중요해요. 많은 문장을 만나다 보면 문법을 잘 이용하면서도 상황에 맞게 해석해 낼 수 있는 요령이 생기거든요.

그러니 독서를 시작해 주세요. 어려운 책으로 시작할 필요도 없고요. 쉬운 책으로 처음에는 50~60% 정도만 이해하겠다는 목표로 책을 읽기 시작하는 거예요. 1권인 『레몬쌤의 진짜 영문법1』을 공부했다면 충분히 할 수 있어요.

그리고 이 책을 통해 나머지를 이해하는 거지요. 『레몬쌤의 진짜 영문법2』에서는 문법의 큰 틀을 만들기 위한 절과 동사의 둔갑(to부정사, 동명사, 분사)을 좀 더 자세히 공부하게 될 거예요. 이것들만 잘 다듬어도 문법은 금세 날개를 달게 될 거고요. 숙제를 했는데 이해를 못하는 상황은 절대 벌어지지 않을 거예요.

자, 그럼 이제 본격적으로 공부해 볼까요?

차례

프롤로그 · 4

Chapter 1 절의 심층적인 이해

1. 종속접속사는 겸임이 가능하다

1. 등위접속사와 종속접속사 · 17
2. 종속접속사의 겸임 (1) – 의문대명사 · 23
3. 종속접속사의 겸임 (2) – 의문부사 · 29
4. 종속접속사의 겸임 (3) – 관계대명사 · 34
5. 계단, 트루먼 대통령 그리고 종속절 · 40
- 접속사 목록 · 44

Chapter 2 to부정사, 동명사, 분사에 이름 주기

1. to부정사의 용법

1. to부정사 해석하기 · 47
2. '~하기 위하여' – 목적을 나타내는 부사적 용법 · 52
3. '~을, 를' – 목적어 자리에 쓰인 명사적 용법 · 58
4. '~할, ~일' – 명사를 꾸미는 한정적 용법의 형용사적 용법 · 69
5. '~하기에' – 형용사 뒤에 오는 부사적 용법 · 77

2. 분사에 이름 주기

1. 동명사가 아니면 현재분사 · 83
- 불규칙 3단 변화표 · 91
2. 형용사의 일을 하는 분사 · 96
3. 현재분사는 능동, 과거분사는 수동 · 105
4. 분사구문 · 110
5. 분사구문을 부사절로 바꾸기 · 113

Chapter 3 동사의 성질과 둔갑

1. 동사의 기본 성질

1. 영어 문법 전체를 보는 눈 · 125
2. 동사의 기본 성질 · 131
3. 둔갑형도 동사의 성질을 그대로 가진다 · 137

2. 둔갑형 동사의 성질

1. 둔갑형 동사의 성질 (1) – 의미상의 주어를 가진다 · 145
2. 둔갑형 동사의 성질 (2) – 시제를 가진다 · 155
3. 둔갑형 동사의 성질 (3) – 보어, 목적어, 부사 등을 달고 온다 · 165
4. 둔갑형 동사의 성질 (4) – 부정할 수 있다 · 169
5. 수동태 복습 · 173
6. 둔갑형 동사의 성질 (5) – 수동태로 바꿀 수 있다 · 182
7. 둔갑형에서의 동사의 성질 정리 · 189

에필로그 – 문장 분석의 큰 그림 다시 생각하기 · 194

Chapter 1
절의 심층적인 이해

1. 종속접속사는 겸임이 가능하다

절과 절을 연결하는 종속접속사에 대해 이미 공부를 했어요.
이번에는 똑같은 걸 공부하되 종속접속사의 겸임이라는
개념 하에서 살펴볼까 해요. 결국 같은 걸 공부하는 것이긴 한데,
종속접속사의 겸임이라는 개념으로 살피면서 문장을
더 확실하게 이해하고요, 나아가서는 훌륭한 작문을
할 수 있도록 만반의 준비를 하는 거지요.

1 등위접속사와 종속접속사

젊은 시절에는 제가 너무 성실하지 않아서 인생이 꼬인다고 생각했었어요. 해야 할 것을 하지 않고 하고 싶은 것만 하고 사니 당연히 인생이 우왕좌왕한다고 생각했어요. 하고 싶은 것들에만 맘을 두며 그것들에 집중을 하면서도 맘이 편하지는 않았었고요. 때가 되면 정신 차리고 살아야지, 그럼 평탄한 인생을 살 수 있을 거야, 그렇게 굳게 믿었어요.

어느 순간부터인가 저는 제가 생각해도 놀랄 만큼 성실한 인간이 되어 있더라고요. 100% 성실하다고야 할 순 없겠지요, 저도 인간인데요. 암튼 저는 언제부턴가 대단히 성실했고요, 그게 또 말할 수 없이 즐겁더라고요. 이렇게 살면 내가 바라는 인생이 곧 찾아오겠지…라고 생각했지요. 허나 그 생각은 곧 벽을 만났어요. 성실함과 행복은 전혀 별개의 문제였어요. 제 인생의 가장 큰 불행이었던 엄마의 죽음만 해도 그래요. 엄마가 저의 불성실함 때문에 돌아가신 건 아니었으니까요.

제 자신이 성실치 못해서 고민하던 시절엔 모든 문제들이 다 거기에서 비롯된 것 같았는데요. 이런저런 사연을 거쳐 하는 수 없이 성실한 인간이 되고 보니, 그게 다가 아니더라고요. 세상은 내 의지나 성실함만으로는 어떻게 할 수 없는 두려운 곳이었어요.

성실하면 해결 날 것 같았던 세상이 전혀 그렇지 않았으며, 운명의 회

오리바람에 휩쓸리다 보니 오히려 내 의지나 노력이 얼마나 하찮은지 절실하게 깨닫게 되더라고요. 종교에 서성이기도 하면서 나름 한참을 살았다 싶은데 아직도 세상을 잘 모르겠어요.

세상은 성실함만으론 쉽지 않지만 영어 하나를 일정한 단계에 올려놓는 일은 약간의 성실함만 있으면 어렵지 않아요. 그러니 우리 조금만 더 힘을 낼까요?

문장 분석을 위해 원칙적으로 처음 할 일은 마침표 찾기예요. 마침표를 찾아서 그걸 기준으로 한 문장을 분석하고 다음으로 넘어가는 거니까요. 마침표를 찾으러 가는 길이 너무 멀면 정말 괴롭지요. 긴 문장은 하여튼 골치가 아프잖아요.

문장이 길어지는 이유는 크게 두 가지라고 말씀드렸어요.

첫 번째, 수식(꾸밈)과 두 번째, 절과 절이 만나는 경우라고요.

여기서 두 번째 이유인 절과 절이 만나는 경우에는 접속사만 잘 찾아내면 다시 하나씩 별개의 절로 나눌 수 있어요. 긴 문장을 단문으로 만들 수 있는 지름길이지요. 그래서 접속사를 찾아서 하나의 절로 분리하는 걸 저는 굉장히 중요하게 생각하고 진지한 훈련도 무지하게 많이 하는 편이랍니다. 마침표를 중심으로 재빨리 접속사를 찾아 하나씩의 절들로 나누어 놓는 일은 빠른 읽기를 위해 필수적이거든요.

자, 그럼 이토록 중요한 접속사에 대해서 차분히 생각해 볼까요.

- coffee and tea

이 문장에서 등위접속사 and는 coffee와 tea라는 두 개의 단어를 연결하고 있어요. 등위접속사는 일단 and, or, but, so, for만 외울 거예요. 조금 더 있는데 일단 범위를 좁게 하려고요.

종속접속사는 두 개의 절이 만나는 곳에 있다는 건 등위접속사와 같지만 동등한 두 개의 절이 만나는 등위접속사와는 달리 종속접속사는 하나의 절은 주인이고 다른 하나는 그 주인에게 종속이 되어 있는 절이에요.

즉, 주인이 되는 절에는 명사, 형용사, 부사가 필요한데 그 명사, 형용사, 부사의 자리에 절이 들어가면 그게 종속절이 되는 거고요. 따라서 종속절에는 명사절, 형용사절, 부사절 세 가지가 있어서 우리는 종속접속사를 찾고 나면 반드시 종속접속사가 무슨 절을 이끄는지 밝혀 주어야 한답니다.

종속접속사도 그리 많지는 않아요. 그러나 일단 다섯 개로 줄일 수 있는 등위접속사에 비하면 훨씬 많다고 볼 수 있어요. 우리는 종속접속사들을 외우지 않고, 절과 절이 만나는 곳에 있는 접속사가 등위접속사가 아니면 무조건 종속접속사라 여기고 차차 찾아보려고 해요.

등위접속사는 굉장히 쉬운데요, 종속접속사는 처음에는 그리 쉽지 않아요. 그 이유는 대략 두 가지로 볼 수 있어요.

등속접속사는 항상 나란히 만나지만 종속접속사는 절과 절이 나란히 만나지 않는 경우가 있어요. 예를 들어 볼게요.

■ The lady who made your dress is waiting outside.

위의 문장은 절과 절이 만난 경우예요. 그런데 나란히 만나지 못하고 하나가 끼어들어 갔어요. 원래의 두 문장은 다음과 같아요.

→ The lady is waiting outside.
→ who made your dress

그러니까 who made your dress라는 절이 The lady 뒤로 간 거지요. 두 절이 만나긴 만났는데 이런 경우는 나란히 만나는 것이 아니고 '끼어들어 갔다'라고 표현할 거예요.

위의 문장은 관계대명사절의 예라고 볼 수 있어요. 다시 정리를 하면 The lady is waiting outside는 주절이고요, who made your dress는 관계대명사절이면서 형용사절, 종속절이랍니다.

그리고 여기서 who는 두 절을 잇는 접속사의 역할을 함과 동시에 who made your dress라는 절에서 주어의 역할도 하고 있어요.

이렇게 쓰이는 who를 관계대명사라고도 부르는데, 관계대명사는 종속접속사의 하나랍니다. 관계대명사로 만들어진 절을 '관계대명사절'이라고 부르는 거고요. 1권에서 공부했지요.

```
                종속접속사
                관계대명사
The lady    who made your dress    is waiting outside.
                관계대명사절
                형용사절, 종속절
            주절
```

절과 절이 섞이는 경우는 주로 관계대명사절이 속을 썩여요. 명사절과 부사절도 섞이긴 하는데 그리 어렵지 않아요.

먼저 관계대명사절을 잘 해결하는 것이 중요해요. 그리고 종속접속사는 겸임이 가능하여 접속사의 역할 말고도 문장 속에서 여러 역할을 하므로 잘 찾아내야 해요.

종속접속사가 어려운 또 다른 이유는 등위접속사는 절대 생략을 할 수 없는 반면에 종속접속사는 생략이 가능하기 때문이에요. 따라서 문장 분석을 할 때 생략된 종속접속사를 꼭 찾아 줘야 해요. 어렵다기보다는 살짝 귀찮은 과정이지요.

등위접속사와 종속접속사

1. 접속사는 단어와 단어, 구와 구, 절과 절을 연결한다.
2. 접속사에는 등위접속사와 종속접속사, 두 가지가 있다.
3. 등위접속사는 동등한 두 개의 단어, 구, 절을 연결한다.
4. 등위접속사 – and, or, but, so, for
5. 등위접속사가 아니면 무조건 종속접속사.
6. 종속접속사는 종속절을 이끈다. 종속절은 주절에 종속된다.
7. 주절에 필요한 명사, 형용사, 부사 자리에 절이 가면 그게 종속절.
8. 종속절의 종류는 명사절, 형용사절, 부사절.
9. 형용사절 = 관계대명사절

    종속접속사의 하나인 관계대명사가 사용된 종속절.
10. 종속절은 주절 속으로 끼어들어 갈 수 있다.

    The lady who made your dress is waiting outside.
    → The lady is waiting outside. + who made your dress.

    who는 관계대명사절, 형용사절, 종속절을 이끄는 종속접속사이면서 절의 주어로 쓰인다.
11. 종속접속사는 겸임이 가능하여 접속사의 역할 말고도 문장 속에서 다른 여러 역할을 하므로 잘 찾아내야 한다.

2 종속접속사의 겸임 (1)
- 의문대명사

종속접속사의 겸임에 대해서 본격적으로 볼까요.

- I know _____.

위의 절에서 I는 주어고요, know는 동사예요. '나는 안다'라고 해석이 되겠지요. 무엇을 아는 걸까요? 목적어가 필요해요. 밑줄이 그어진 곳은 목적어 자리겠지요.

목적어 자리에는 명사만이 올 수 있다는 거 기억하지요? 그리고 그 명사는 단어, 구, 절의 세 가지 형태를 가지고 있다는 것도 이제는 익숙해요.

원칙적으로 밑줄 자리에는 단어, 구, 절의 세 가지 형태가 다 가능해요. 여기서는 절을 넣어 볼게요. '나는 네가 누구인지를 안다'라는 문장을 만들어 볼까요?

→ I know who you are.

밑줄 그어진 자리에 who you are가 들어갔어요. 정리를 하면 I know

는 원래 있는 주인 또는 주축이 되는 절, 즉 주절이고요. who you are는 목적어가 들어갈 자리에 들어갔으므로 목적절이고요. 목적절이면서 명사절이기도 해요. 명사절은 다시 종속절이니, who you are는 결국 목적절, 명사절, 종속절이겠지요.

사실 I know who you are라는 문장을 보다 정확하게 이해하려면 간접의문문이라는 걸 공부하고 가야 하는데요. 이 글에서는 종속접속사의 개념을 집중적으로 이해하고 겸임을 생각해 보려고 하니 간접의문문은 좀 더 나중에 공부하기로 해요.

'나는 네가 누구인지를 안다'는 문장은 I know라는 주절에 who you are이라는 목적절, 명사절, 종속절이 끼어들어 가서(나란히 만나는 것이 아니고), 결국 두 절이 만나는 현상이 발생했어요.

두 절이 만났으면 당연히 접속사가 필요하겠지요? 그중에서도 주절과 종속절이 만났으므로 종속접속사가 필요할 테고요. 종속접속사는 어디에 있을까요?

종속접속사를 생각하기 전에 일단 who you are를 볼까요. 이 절은 원래 who are you?라는 의문문이 그 시작이라고 볼 수 있어요.

이 의문문도 또 사실은 you are who라는 문장이 영문법에 따라 의문사인 who가 맨 앞으로 가고 주어, 동사가 자리를 바꾼 문장이에요.

you are who는 주어 + 불완전자동사 + 보어의 2형식 문장이에요. 의문문을 만드는 원칙에 의해 의문사 who를 앞으로 보내서 who you are로 되었다가, 동사가 be동사면 의문문에서 주어와 자리를 바꾼다는 원칙에 의해 who are you라는 직접의문문이 되어요. 그런데 종속절에서는 간접의문문의 형식으로 써야 해서 다시 주어, 동사가 제자리를 찾는다는 간접의문문의 원칙에 의해 who you are가 되었어요.

who you are를 분석해 보면요. 원래 문장이 you are who였으므로 you는 주어고, are는 불완전자동사로서 '~이다'로 쓰였어요. 그리고 who는 보어 자리에 쓰인 명사로서 '누구'라는 뜻이에요. 그런데 여기서 who는 명사를 대신해서 쓰였으므로 대명사고요. 의문문을 만들고 있으므로 의문대명사예요.

다시 정리를 해 보면

<u>you</u>　　<u>are</u>　　<u>who</u>
주어　　불완전자동사　　보어

who가 의문사이므로 앞으로 갔다고 해도 문장 성분은 변하지 않아요. 즉,

<u>who</u>　　<u>you</u>　　<u>are</u>
보어　　주어　　불완전자동사

위의 문장을 조금 더 자세하게 분석해 볼까요.

<u>who</u>　　<u>you</u>　　<u>are</u>
의문대명사　　대명사　　be동사, 단순현재

이제는 문장을 모아서 분석을 해 볼게요.

<u>I</u>　<u>know</u>　<u>who</u>　<u>you</u>　<u>are</u>
주어　동사(단순현재)　보어　　주어　불완전자동사

자, 이것이 주어, 동사가 하나씩인 절 두 개가 주절과 종속절의 관계로 만난 문장이에요.

다시 분리를 해서 보면

→ I know _____.
　 who you are.

위의 두 개의 절이 만난 거예요. 그런데 접속사는 보이지 않네요? 분명 I know와 who you are라는 두 개의 절이 만났는데 접속사가 보이지 않아요. 남아 있는 who는 보어라고 되어 있고요. 접속사가 생략이 된 걸까요?
　위의 문장에서 접속사, 더 정확하게 말하면 목적절, 명사절, 종속절을 이끄는 종속접속사는 바로 who랍니다.
　네, 바로 이런 경우, '종속접속사는 겸임이 가능하다'는 거예요.
　who는 문장을 이루는 주요 성분인 보어의 역할을 하면서 동시에 절과 절을 연결하는 접속사 역할도 하고 있어요. 꼭 기억해야 할 부분이에요.

문장 분석을 다시 해 볼까요.

I   know   who   you   are
주어 동사(단순현재) 보어   주어 불완전자동사

위의 문장 분석을 다시 보면 who는 종속절 안에서 보어의 역할을 하면서 2형식을 완성시켜 줌과 동시에 주절과 종속절을 연결하는 종속접속사로 쓰였어요.

문장 분석을 더 자세하게 해 볼게요.

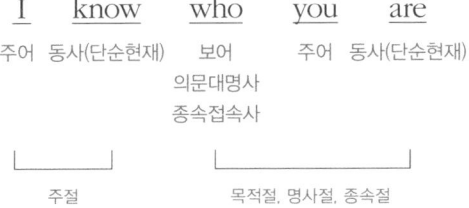

즉, 여기서 who는 목적절, 명사절, 종속절을 이끄는 종속접속사인 동시에 목적절, 명사절, 종속절인 who you are 안에서 보어 역할까지 겸임하고 있어요.

종속접속사의 겸임 – 의문대명사

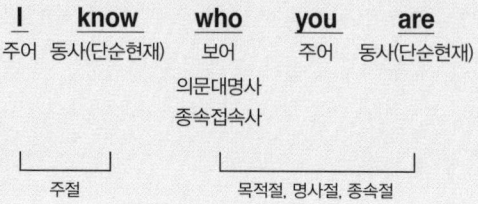

who는 목적절, 명사절, 종속절을 이끄는 종속접속사인 동시에 목적절, 명사절, 종속절인 who you are 안에서 보어 역할까지 겸임하고 있다.

3 종속접속사의 겸임 (2)
- 의문부사

겸임을 하는 명사절, 종속절의 예문을 몇 가지 더 볼까 해요.

- I know why you did it.

이 문장은 주어, 동사가 두 개예요. 절과 절이 만났다는 얘기겠지요? and, or, but, so, for가 보이지 않으니 등위접속사로 나란히 만난 것은 아니에요. 등위접속사로 만나지 않았으니 종속접속사로 만났겠지요? 눈에 익숙한 종속접속사가 보이지 않는다면 접속사가 생략이 되었거나 우리가 다루지 않았던 새로운 형식의 것이 접속사가 되었을 가능성이 있어요.

일단 절과 절을 나누어 볼까요? 주절과 종속절로 나누어지겠지요? 종속접속사로 만났으니까요.

여기서 주절은 I know예요. 그리고 I know의 목적어에 해당하는 자리에 why you did it이라는 절이 왔어요. 목적어 자리에 온 절이니 목적절이고요. 목적어 자리에는 명사만 올 수 있으니 명사절이고 명사절은 종속절 중의 하나예요.

그래서 why you did it은 목적절, 명사절, 종속절이에요.

I	know	why	you	did	it.
주어	동사	의문부사	주어	동사	목적어
((대)명사)	(단순현재)	(이유)	((대)명사)	(단순과거)	((대)명사)

위의 분석표를 보면 절과 절이 만난 것이 바로 보여요. 두 개의 주어와 두 개의 동사가 보이니까요.

위의 문장 분석에서 why를 들여다볼까요? why는 '왜'라는 뜻을 가지고 있고요, 왜는 이유를 나타내므로 부사라고 할 수 있어요. 그리고 의문을 나타내요. 그래서 why의 문법상의 이름은 의문부사예요.

문장 분석이란 단어, 구, 절로 나누어 명사, 형용사, 부사의 이름을 주는 것이라는 거 기억하지요? why는 부사인데 의문이라는 말을 넣어 조금 더 자세하게 표현을 했어요. 궁극적으로는 부사예요.

I know who you are에서 who는 접속사로 쓰였어요. I know why you did it에서는 why가 접속사로 쓰였어요. 정확히 말하면 I know _____라는 주절 안에 끼어든 why you did it이라는 목적절, 명사절, 종속절을 이끄는 종속접속사라고 할 수 있어요.

그러니까 why는 why you did it이라는 절 안에서는 부사의 역할을 하고요, 전체적으로 볼 때는 주절과 종속절을 연결하는 종속접속사로도 쓰인 거예요.

분석을 다시 해 보면요, why는 목적절, 명사절, 종속절을 이끄는 종속접속사인 동시에 목적절, 명사절, 종속절인 why you did it 안에서 (의문)부사 역할까지 겸임하고 있어요.

자, 여기서 대단히 조심해야 할 것이 있어요. 문장 분석을 처음 하는 분들 중, 이 부분에서 "아니 그래서 명사야? 부사야?" 하고 헷갈리는 분들이 많아요. 이 부분을 다시 명확히 하면 why you did it은 전체를 묶어 목적절, 명사절, 종속절이라 하고요, 그 안에서 why는 절의 한 성분, 단어로서 부사라는 거예요.

처음에는 좀 헷갈릴 수 있어요. 그러나 절대 걱정 마시고 숙제, 오직 숙제만 해 주세요. 금방 지나가는 바람이에요.

'I know who you are도 그렇고, I know why you did it도 그렇고 해석이 금세 되는데 왜 굳이 골 아프게 명사니 부사니 종속이니 하며 문장 분석을 하는 거지?' 하는 분이 있을지도 몰라요.

우리의 목적은 이런 쉬운 문장이 아닙니다. 우리의 목적은 보다 복잡하고 까다로워 보이는 문장들을 자신 있게 해결하는 거예요. 그러기 위해서 쉬운 문장들로 기본기를 닦는 거예요.

이렇게 기본기를 닦아 두면 그게 결국 똑같이 복잡하고 까다로운 문장에 그대로 적용이 되거든요. 복잡하고 까다로워 보이는 문장에 새로운 문법이 존재하는 것이 아니랍니다. 문법은 똑같아요. 너무 간단해요. 복잡하고 까다로워 보이는 문장은 단어나 내용상의 난이도가 높은 것일 수 있고요. 숙어 때문에 그럴 수도 있어요. 절대 문법이 복잡해서가 아니에요!

그리고 이다지도 자세하게 뿌리를 파헤치는 문장 분석을 하는 진짜 이유는 작문 때문이에요. 문법에 대한 올바른 이해 없이는 제대로 된 작문을 할 수 없어요. 대충 말뜻만 통하는 가벼운 작문을 원한다면 제 숙제가 너무 버거울 수도 있어요. 그렇게까지 할 필요는 없다고 생각해요. 그러나 만일 올바른 작문, 깊이가 있는 작문, 나아가서 아름답기도 한 작문을 원한다면 뿌리까지 훤히 볼 수 있는 문법 공부가 반드시 필요해요.

물론 문법만으로 작문이 완성이 되는 건 아니에요. 숙어도 필요하고 상식도 필요해요. 그러나 일단은 문법이 탄탄하게 서 있어야 나머지도 수월해요. 그리고 그 탄탄한 문법을 만드는 일은 절대 어렵지 않아요. 숙제만 하면 돼요. 책을 찬찬히 몇 번 읽고 숙제로 내는 요약 부분을 꼭 횟수를 채워서 쓰세요.

아는 걸 꼭 그렇게 무식하게 반복해야 하냐고요? 네. 그렇게 해야 해요, 반드시요. 안다고 느끼는 것과 아는 것은 다르고요, 설령 지금 알았다 하더라도 그게 얼마나 갈 건지 모르잖아요. 금세 까먹을 수도 있어요. 무조건 횟수를 채워서 숙제를 해 주세요. 하도 들어서 지긋지긋하다고 느껴진 순간부터 1,000번을 반복하면 비로소 내 것이 된다고 믿어 주세요.

종속접속사의 겸임 - 의문부사

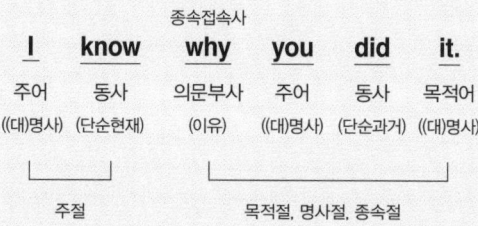

why는 목적절, 명사절, 종속절을 이끄는 종속접속사인 동시에 목적절, 명사절, 종속절인 why you did it 안에서 (의문)부사 역할까지 겸임하고 있다.

주의. why you did it은 목적절, 명사절, 종속절이고, why는 단어로서는 부사.

4 종속접속사의 겸임 (3)
- 관계대명사

　절과 절이 만나는 곳에는 반드시 접속사가 있어야 한다는 건 대단히 중요한 개념이에요. 튼튼한 영어의 집을 만들어 그 안에서 오래오래 따뜻하고 행복하려면 확실히 해 두어야 하는 부분이지요.
　절과 절이 만나면 문장이 길어지기 십상이에요. 그래서 절과 절을 잘 이해하는 것이 중요해요. 절과 절이 만나서 길어지는 문장들은 생각보다 어렵지 않아요. 만일 어렵게 느껴진다면 그건 관계대명사절 = 형용사절일 확률이 대단히 높고요.
　우리는 이미 관계대명사의 기본에 대해 1권에서 공부를 했어요. 그런데 이번에는 똑같은 걸 공부하되 종속접속사의 겸임이라는 개념 하에서 살펴볼까 해요. 결국 같은 걸 공부하는 것이긴 한데 종속접속사의 겸임이라는 개념으로 살피면서 문장을 더 확실하게 이해하고요, 나아가서는 훌륭한 작문을 할 수 있도록 만반의 준비를 하는 거지요.

　종속접속사를 이해하려면 우선 주절과 종속절의 개념을 알아야 해요. 주절은 주축이 되는 절이고 주축이 되는 절의 명사, 형용사, 부사 자리에 절이 들어가면 그것이 종속절이라고 배웠어요. 종속절에는 그래서 명사절, 형용사절, 부사절이 있다고 공부했어요.

명사절이 뭘까요? 명사절은 말 그대로 명사 자리에 들어간 절이에요. 명사 자리에 갈 수 있는 것이 주어, 보어, 목적어이므로 주절, 보어절, 목적어절 세 가지가 있어요.

부사절은 종속절 중에서 제일 쉬워요. 대부분 등위접속사의 경우처럼 순서대로 죽 해석하면 돼요.

관계대명사절이라는 또 다른 이름을 가지기도 한 형용사절은 긴 문장을 골치 아프게 만드는 문제아예요. 그러나 모든 문제에는 해결책이 무조건 있기 마련이잖아요. 해결하면 돼요.

관계대명사절의 시작은 무조건 두 개의 똑같은 명사랍니다. 두 개의 절에 두 개의 똑같은 명사가 있으면 관계대명사의 역사가 시작이 되는 거지요. 예를 들어 볼까요?

① This is a pencil.
　I bought the pencil yesterday.

② This is a pencil which I bought yesterday.

①의 두 문장에는 'pencil'이라는 공통의 명사가 있어요. 관계대명사절의 역사가 시작될 조짐이에요. ②는 which에 눈길이 가는 순간 관계대명사가 떠오를 수 있는 문장이지요?

우리는 ②의 문장 안에 관계대명사절이 있다고 느끼자마자 이 문장은 원래 두 문장이었으며 두 문장에는 똑같은 두 개의 명사가 있었다는 사실도 같이 떠올려야 하고요. 그 두 개의 명사가 어떤 식으로 움직여서 두 개의 절이 엮이는지도 이해하고 있어야 해요.

즉!!!

①의 두 문장을 보고서는 관계대명사를 이용해 두 절을 엮어 This is a pencil which I bought yesterday라는 문장을 만들 수 있어야 하고요.

반대로 ②의 문장을 만났다면 이 문장을 보고 즉각 ①처럼 두 문장으로 나눌 수 있어야 한답니다.

①의 두 절을 This is a pencil and I bought the pencil yesterday로 엮어도 틀린 건 아니에요. 그러나 세련되지 못하지요.

두 절에 같은 명사가 있으면 관계대명사를 이용해서 엮는 것이 좋아요. 엮을 때는 또 나름의 순서와 원칙이 있었지요. 복습해 볼까요?

1. 두 개의 명사 중 하나는 선행사, 즉 '먼저 나온 말'이 되고 또 하나는 관계대명사로 바꾼다. 이때 사람이면 who, 사물이면 which로 바꾼다.

   This is a pencil.
   선행사

   I bought the pencil yesterday.
   관계대명사 which

2. 관계대명사로 바꾸었으면 절의 맨 앞으로 보낸다.

   This is a pencil.
   which I bought yesterday.

3. 이때 which I bought yesterday는 관계대명사절이 되고 which는 목적격 관계대명사라고 부른다. which는 원래 the pencil이었고 the pencil은 목적어였으므로.

4. 관계대명사절을 선행사 바로 뒤로 보낸다.

This is a pencil which I bought yesterday.

자, 이제 문장 분석을 해 볼까요?

<u>This</u>   <u>is</u>   <u>a pencil</u>   <u>which</u>   <u>I</u>   <u>bought</u>   <u>yesterday.</u>
주어 불완전자동사 보어 목적격 관계대명사 주어 동사 부사(때)

여기서 which I bought yesterday는 세 가지 이름을 가지고 있어요. which라는 관계대명사가 이끄는 절이므로 관계대명사절이라는 이름을 가지고 있고요, 관계대명사절은 선행사인 pencil을 꾸며 주고 있어요. 모든 관계대명사절은 원칙적으로 형용사절이에요. 형용사절은 당연히 종속절의 하나예요. 좀 더 자세히 설명하자면 주절인 This is a pencil에서 pencil이라는 명사를 꾸미기 위해 끼어들어 갔어요.

자, 우리는 이제 which를 다시 살펴보려고 해요. which는 당연히 목적격 관계대명사지요? 그런데 which는 목적격 관계대명사인 동시에 접속사 역할도 한답니다.

절과 절이 만나면 접속사가 반드시! 필요하다는 거 기억하지요? 관계대명사절이 형성되는 과정도 결국 절과 절이 만나는 것인데요. 이 경우에는 관계대명사가 접속사 역할도 같이 하게 되어 있어요. 그러므로 which는 목적격 관계대명사인 동시에 접속사도 되는 거고요. which I bought yesterday가 종속절이므로 종속접속사가 되는 거예요.

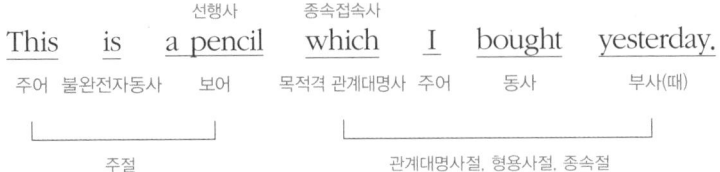

다시 which를 들여다보면 which는 목적격 관계대명사인 동시에 종속절을 이끄는 종속접속사이기도 하다는 걸 알 수 있어요.

조금만 더 자세히 가 볼까요?

which가 이끄는 절인 which I bought yesterday는 관계대명사절이고 형용사절이고 종속절이잖아요. 그러니 우리는 이제 which를 관계대명사절, 형용사절, 종속절을 이끄는 종속접속사라고 부를 수 있어요.

그러니까 which는?

갑자기 이 부분에서 어지러울 수 있어요. "which가 목적어라는 거예요, 형용사라는 거예요?" 하고 질문하는 분들이 많아요.

답은 목적어예요. which 자체는 당연히 목적어예요. 그런데 which는 접속사의 역할도 하고 있어요. 여기서 겸임이라는 개념이 등장을 하는 거지요. 결국 which는 목적어의 역할도 하면서 종속접속사의 역할도 하는 거예요. 겸임이지요. 형용사 역할을 하는 것은 which I bought yesterday 전체예요. 그래서 형용사절이라고 부르는 거고요.

종속접속사는 종속절을 이끄는데 그 종속절의 이름이 관계대명사절, 형용사절, 종속절이라는 걸 잊지 말아 주세요.

종속접속사의 겸임 – 관계대명사

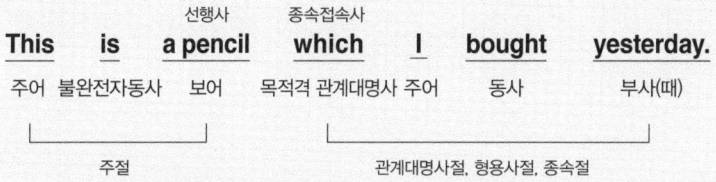

which는 목적격 관계대명사이자 관계대명사절, 형용사절, 종속절을 이끄는 종속접속사이다.

5 계단, 트루먼 대통령, 그리고 종속절

저는 계단을 좋아해요. 제 나이 또래 사람들은 이제 계단이 부담스러워 일층 집으로 이사 가고 싶다고 말하곤 하는데 저는 계단이 좋아요. 아직도 계단을 신나게 오르락내리락해요. 계단을 오르락내리락하다 보면 기분도 좋아지고 스트레스도 풀려요. 때로는 일부러 일을 만들어 오르락내리락해요.

어렸을 때는 더 좋아했어요. 특히 계단에선 암기가 잘되어서 계단에 앉아 시나 팝송을 외우기도 했어요. 앉아서 외우다가 싫증이 나면 오르락내리락하면서 외웠고요. 그렇게 몇 번 왔다 갔다 하면 금세 외워지곤 했지요. 그래서 더욱 계단을 사랑했어요.

가끔씩은 계단에서 눈을 감아요. 그리고 오르락내리락을 몇 번 해요. 그러다 보면 내가 어디에 있는지 모르게 되는 순간이 와요. 그럼 그때부터 계속 올라가요. 올라가다 보면 더 이상 올라갈 수 없어 발을 헛딛게 되지요. 그 순간 심장이 쿵 하고 내려앉아요. 짜릿해요. 하하하. 지루한 삶에 한줄기 시원한 소나기 같았어요. 때로 계단은 삶의 자극이었어요.

허나 잘못하다간 발을 뺄 수 있겠다는 걸 알게 된 이후론 딱 끊었어요. 바로 접었어요. 제가 또 몸까지 불살라 가며 스릴을 즐길 만한 배짱은 없어서요. 그래도 모험심은 아직 죽지 않아서 불가능해 보이는 일을 계속 해 보고 싶어요. 저는 해 볼 용의가 전혀 없지만 에베레스트에 올라가는 분들을 조금은 이해할 수 있어요. 역사에 길이 남을 기록을 세우러 사명감을 갖고 올라가는 게 아니라 그저 자기가 좋아서 하는 일일 거라는 짐작도 하지요.

　73개 언어에 도전하는 일도 그런 모험심 때문이겠지요. 저는 이 도전을 정말 사랑해요. '되고 안 되고'를 떠나서 이 일을 하고 있다는 사실만으로도 하루에도 몇 번씩 감사하는지 몰라요. '아이고 하나님, 감사합니다'가 가슴속으로부터 저절로 나와요. 눈 감고 계단을 오르락내리락하지 않아도 스릴을 느낄 수 있는 삶을 허락해 주셔서 감사합니다, 라고 말이에요.

　모든 도전하는 일에 대한 원칙은 그래요. 되고 안 되고를 떠나서 감사해요. 정말이에요. 그런데 '되고'를 훨씬 더 원해요. '안 되고'는 생각하고 싶지 않아요. 이 책 역시 저에게는 도전이에요. 이 책으로 영어 수업의 효과를 얻고 싶어요. 모두에게 영어 책을 읽히고 싶고, 모두에게 영어가 들리는 기쁨을 드리고 싶고, 모두에게 영어가 편안해지는 순간을 만들어 드리고 싶어요. 이 일은 피를 끓게 만들어요. 하얀 눈 위에 구두 발자국을 만드는 것 같아 하루 종일 행복해요.

　만족스런 결과를 위해서 여러분, 협조해 주세요, 숙제해 주세요! 진도가 나가다 보면 중간에 숙제를 빼먹고 싶은 마음이 굴뚝을 만들어 연기가 펄펄 날 거예요. 그래도 참아 주세요. 꾹 참고 튼튼한 영어의 집을 지어 주세요.

　프랭클린 루스벨트 대통령의 죽음으로 졸지에 대통령이 된 해리 트루먼 대통령을 저는 미국 대통령 중 제일 사랑해요. 해리 트루먼 대통령은 고등학교를 나와 농부를 오래 했어요. 책도 참 많이 읽었어요. 그래서 눈이 아주 나빴지요. 아버지 권유로 농사를 짓다가 군대에 가서 얼떨결에 전쟁 영웅이 되어 돌아와서는, 6살 때부터 사랑한 여자와 결혼을 하고 사업을 하다 망해요. 우연찮게 정치를 시작하게 되고, 누군가의 도움으로 상원의원 노릇을 하다가 부통령이 되지요. 그러다가 결국 대통령까지 되어요.

헉! 고등학교만 졸업한 키 작고 소심하고 화까지 잘 내는 남자에게 과분한 삶인 것처럼 보이네요. 한데 그렇지만은 않아요. 졸지에 대통령이 되어 지지기반이 없던 그는 엎친 데 덮친 격으로 미국 경제까지 나빠져 허구한 날 언론에 두드려 맞기 바빴어요. 그래서 그가 재선에 성공하리라고는 아무도 예상을 못 했어요. 어떤 신문은 아예 트루먼이 졌다고 미리 기사를 만들어 놓고 성급하게 배포했다가 미국 역사에 길이 남을 오점을 만들기도 했답니다.

트루먼은 눈 감고 계단을 오르락내리락할 필요가 없었을 거예요. 인생 자체가 스릴의 연속이었으니까요. 아버지와 함께 서른이 다 되도록 농사를 짓던 그가 언감생심 꿈도 꿔 보지 못한 대통령이 되기까지 얼마나 많은 스릴들이 그의 인생을 채웠을까요.

제가 그를 사랑하는 이유는 그의 스릴 넘치는 삶과 항상 따라 주던 행운 때문이 아니에요. 그의 한결같은 뚝심과 성실함, 그리고 투명함이에요. 뭔가를 욕심 내서가 아니라 그 자리에서 그가 해야 할 일에 항상 배짱을 가지고 우직하게 해 낸 성실함과 끈기를 사랑해요.

주변의 만류에도 불구하고 트루먼은 기차로 유세를 다녔어요. 하루에 15~20회 정차를 해서 사람들을 만났다고 해요. 그야말로 뼛골이 빠지는 유세였지요. 이길 거란 자신에 찬 상대 후보는 유세도 제대로 하지 않았다고 해요.

트루먼의 삶을 자세히 들여다보면 이런 유세 방법은 그리 놀랄 일도 아니랍니다. 딱 그의 스타일이에요. 언뜻 보면 행운의 사나이 같지만 상황은 항상 나빴어요. 그때마다 그의 삶을 변화시킨 건 그의 손을 잡아 준 운명의 신이 아니고, 그의 끝없는 성실함과 꺾일 줄 모르는 강한 의지였답니다. 바로 그 자신이 스스로! 자신의 운명을 바꾼 것이지요.

숙제하는 여러분들의 손길을 재촉하기 위해 저는 어린 시절 계단 애기도 꺼내 놓고, 트루먼 대통령도 팔고 있군요.

이 이야기가 여러분들이 숙제를 열심히 하는 데 조금이라도 도움이 된다면 하늘에 계신 트루먼 대통령도 흐뭇해하리라 믿어요.

접속사 목록 *30번 쓰기*

등위접속사

and, or, but, so, for, yet, nor

종속접속사

- **A** after, although, as, as if, as long as, as much as, as soon as, as though
- **B** because, before, by the time
- **E** even if, even though
- **I** if, in order that, in case
- **L** lest
- **N** now that
- **O** once, only if
- **P** provided that
- **R** rather than
- **S** since, so that
- **T** than, that, though, till
- **U** unless, until
- **W** when, whenever, where, wherever, while, whether, whereas, who, why, what, which

Chapter 2
to부정사, 동명사, 분사에 이름 주기

1. to부정사의 용법

동사가 동사의 자리, 즉 주어 다음에서 시제 변화를 하지 않고 다른 자리로 가게 되면 둔갑을 한다고 했어요.
그리고 그 둔갑 중의 하나가 to부정사인데, to부정사는 가는 곳이 명사, 형용사, 부사 자리로서 결국 시제 변화 이외의 모든 자리에 다 간다고 볼 수 있어요.
참으로 공사가 다망한 둔갑형이 아닐 수 없어요.

1 to부정사 해석하기

to부정사가 가는 곳은 명사, 형용사, 부사의 자리였어요. 딱 세 가지이기는 하지만 영어가 명사, 형용사, 부사로 이루어져 있으니 어디든 다 간다는 얘기라고 말씀드렸어요. 바꾸어 말하면 해석할 수 있는 여지가 무척 많다는 얘기예요. 정말 불쾌한(?) 소식이지요.

그렇지만 불쾌함은 유쾌함을 더 짜릿하게 만들어 주는 선행조건이라지요? to부정사가 명쾌해져서 유쾌해지고 나아가 통쾌해지기까지 하는 순간이 곧 올 거예요. 쓰임이 좀 많은 건 사실이에요. 그러나 잘 골라내서 잘 정리해서 계속 반복해 주면 별거 아니랍니다.

쉽게 시작하는 문장 분석은 어느 순간 아주 복잡한 것들도 다루게 될 텐데 그때 가 보면 알겠지만 좀 '긴 문장'이 있을 뿐, '어려운 문장'이라는 건 존재하지 않아요. 만일 어려운 문장이라고 이름을 붙여야 하는 사태가 발생한다면 그건 분사가 툭 뛰어나와서 정신 사납게 만드는 경우예요.

네, 맞아요. 정신이 좀 사나워요. 하지만 절대 어려운 건 아니에요. 어쨌든 우리는 어느 순간에 끝없이 분사와 싸워야 하므로 그 외 나머지는 빨리빨리 정리를 해 놓을 필요가 있어요.

분사들이 정신을 사납게 만드는데 to부정사까지 덩달아 이리저리 뛰

어다니면 곤란해요. 분사는 붙잡아 앉히는 데 시간이 좀 걸리는 아이가 분명하지만 to부정사는 수는 많아도 금방 얌전하게 앉힐 수 있어요.
　to부정사를 붙잡아 앉히는 방법을 정리를 해 보자면,

1. 목적어로 쓰였는지 여부를 살핀다.
2. '~하기 위하여'로 쓰였는지 확인한다.
3. 바로 앞에 뭐가 있는지 본다.

왜 위의 세 가지를 먼저 살피는 게 중요한지 꼼꼼하게 따져 볼까요.

| 목적어로 쓰였는지 여부를 살핀다

　모든 영어 문장은 5가지 형식으로 이루어져 있어요. 그런데 그 다섯 가지가 골고루 쓰이는 것이 절대! 아니고요. '주어 + 타동사 + 목적어'의 3형식이 압도적으로 많이 쓰여요. 영어의 세상은 거의 3형식의 세상이에요. 상상하는 것에 20을 곱해 주세요.
　이렇게 압도적으로 많은 3형식을 구성하는 목적어도 압도적으로 많겠지요. 그리고 그 목적어 자리에 to부정사가 들어갈 확률 역시 높아요. to부정사가 목적어로 쓰였는지 여부를 재빨리 잡아내면 문장의 구성이 한눈에 보여 해석하기가 수월해진답니다.
　그러니까 목적어 여부를 먼저 살펴야 하는 건 그 양이 많아서이기도 하고요. 빨리 잡아내야 해석이 수월해진다는 두 가지 이유 때문이에요.

| '~하기 위하여'로 쓰였는지 확인한다

'~하기 위하여'를 영어로 바꿔 볼까요?

구체적으로 '먹기 위하여'를 영어로 바꾸기 위해 사전을 찾아보면 '먹다'는 나와 있지만 '먹기 위하여'는 나와 있지 않아요. 결국 우리는 사전에서 찾은 '먹다, eat'이라는 동사를 가지고 '먹기 위하여'라는 영어를 만들어 내야 한답니다. 당황하지 말고 우리가 공부했던 것들을 찬찬히 생각해 보면 돼요.

자, 동사의 운명은 딱 두 가지라고 했어요. 시제와 둔갑. '~하기 위하여'는 당연히 둔갑이겠지요. 시제로 쓰이려면 '~다'로 끝나야 하니까요.

둔갑이라고 판결 난 '~하기 위하여'는 이제 둔갑 중에서도 뭘로 쓸지를 결정해야 한답니다. 명사, 형용사, 부사 중에서 골라야 하겠지요? 당연히 부사랍니다. '~하기 위하여'는 어떤 행위의 목적을 나타내니까요. 그리고 부사로 쓰인 '~하기 위하여'는 당연히 to부정사를 써야 한답니다.

> 동사가 동사의 자리에 있지 못하고
> 명사의 자리로 가면 - **to부정사, 동명사**
> 형용사의 자리로 가면 - **to부정사, 분사**
> 부사의 자리로 가면 - **to부정사**

위의 원칙에 따라 부사의 자리로 간 '~하기 위하여'는 to부정사 딱 하나만 선택이 가능해요. 그래서 '먹기 위하여'는 to eat이 되는 거지요.

'~하기 위하여'라는 표현은 무척 많이 쓰게 되는데 두 가지 중의 하나를 선택해야 하는 명사나 형용사와는 달리 부사는 to부정사 하나만 고르게 되어 있어요.

그러니까 '~하기 위하여'는 많이 쓰이는 표현인데다가 to부정사 혼자서 그 일을 감당하므로 당연히 양이 많겠지요? 정말 많아요. 상상하는 것에 100을 곱해 주세요.

| 바로 앞에 뭐가 있는지 본다

to부정사가 가는 곳은 명사, 형용사, 부사 자리였어요. 이 중 명사는 문장의 뼈대를 형성하고요, 형용사와 부사는 수식(꾸밈)을 담당한다고 말씀드렸어요.

to부정사가 명사로 쓰이면 주어나, 보어, 목적어 자리로 가는데요. 주로 목적어 자리로 가고요, 어떻게 쓰였든 쉽게 찾아져요.

형용사나 부사의 자리로 가면 좀 어지러울 수도 있는데 그걸 막기 위해서 몇 가지 살펴보도록 할게요. 우선 형용사나 부사는 수식을 담당하는데 문법의 원칙 중에 '수식하는 것들은 꾸밈을 받는 것들의 근처에 있어라!' 하는 것이 있어요. 꾸미는 것들은 멀찌감치서 꾸미지 말고 근처에서 꾸미라는 말이지요. 생각해 보면 너무나도 당연한 원칙이에요. 그런데 어쨌든 이 원칙은 때로 형편상 지키기 어려울 수도 있어서 이 원칙을 깬 문장을 찾으라는 문제가 SAT(미국 수능)에 종종 등장을 하긴 해요. 그런 예외를 제외하고 원칙적으로 to부정사는 주로 뒤에서 꾸며요. to부정사 앞에 명사가 있으면 형용사로 쓰인 거고요. 동사, 형용사, 부사가 있으면 부사로 쓰인 거지요.

to부정사를 붙잡아 앉히는 방법 〔30번 쓰기〕

1. 목적어로 쓰였는지 여부를 살핀다.
2. '~하기 위하여'로 쓰였는지 확인한다.
3. 바로 앞에 뭐가 있는지 본다.
   - to부정사는 주로 뒤에서 꾸민다.

2 '~하기 위하여'
– 목적을 나타내는 부사적 용법

to부정사는 실제 문장 안에서 어느 정도의 비율로 쓰일까 하는 궁금증이 치밀어 올랐어요. 숫자를 그다지 사랑하진 않지만 그래프 같은 것도 질색을 하는 저지만 갑자기 to부정사의 많고 많은 쓰임을 그래프로 나타내 보면 어떨까 하는 생각이 들었어요.

명사 자리에도 가고 형용사 자리에도 가고 부사 자리에도 가는 to부정사는 그러니까 모든 자리에 다 가는 거잖아요.

예를 들어 문장 안에서 to go를 봤다고 했을 때 to go는 명사도 될 수 있고 형용사도 될 수 있고 부사도 될 수 있다는 거예요. 아찔한 얘기가 아닐 수 없어요.

- I want to go. (명사 자리)
- I'll find a way to go to the post office. (형용사 자리)
- I generally take the bus to go to church. (부사 자리)

그래도 위안이 되는 말씀을 드려 보자면 to부정사는 이름을 대는 데 속 썩을 일은 없어요. 분사나 동명사는 이름을 대는 일부터 속을 썩이잖아요. 분사가 -ing나 -ed의 형태를 가지고 있다고는 하나 문장 안에서 -ing나 -ed를 봤을 때 곧바로 분사의 이름을 줄 수는 없어요. -ed는 과거분사나 과거동사일 수 있고요, -ing는 동명사이거나 현재분사일 수 있으니까요. 즉, 분사나 동명사는 다른 것들과 모습이 같아서 형태만 보고 이름을 부를 수가 없어요.

그러나 to부정사는 딱 보고 이름을 부를 수 있어요. to + 동사원형이면 무조건 to부정사라고 이름을 줄 수 있어요. 이름을 대기는 이렇게 쉽지만 to부정사는 가는 곳이 하도 많아서 이름을 불렀다 해도 다시 어떤 자리로 가서 쓰였는지 고루 따져 봐야 한다는 아주 심각한 단점이 있지요.

그래서 to부정사의 그 많은 용법을 쓰이는 빈도수대로 도표로 혹은 그래프로 만들어 보자! 라는 이과적인 생각을 떠올렸어요.

즉각 소설책 두세 권을 준비해서 to부정사에 하나하나 줄을 긋기 시작했어요. 그리고 줄이 그어진 to부정사가 어떤 용법으로 쓰이고 있는지 하나하나 기록을 해 나갔지요.

프랑스에서는 정말 여러 가지 시도를 많이 했던 것 같아요. 나름 인생의 어려운 고비를 넘기던 시기라 실패나 실수가 딱히 두렵지 않았어요. 그러다 보니 아니면 말고가 가능해서 다양한 것들을 두드려 보면서 살았어요. 지금 생각해 보면 내가 왜 그랬을까 싶은 일들도 많지만 정말 잘했다 싶은 것들도 많아요.

to부정사 용법들이 실제 문장 안에서 어떻게 쓰이는지 소설책을 들고 찾아본 일은 그 당시 제가 시도한 일들 중에서 가장 기발한 것이었어요. 그 일은 실제로 to부정사가 문장 안에서 어떻게 쓰이는지 아주 세세하게 살펴서 to부정사를 확실하게 이해할 수 있는 계기도 되었지만 그 일로 제 문장 분석이 얼마나 효율적인지를 깨닫게 해 준 정말 소중한 기회이기도 했거든요.

저는 그때 to부정사에만 중점을 두고 찾으려 했는데 그 과정에서 문법의 간단한 구조를 더욱 격하게 느낄 수 있었고요. 이렇게 줄을 치면서 이름을 주는 것이 얼마나 효과적인 일이며 또 숙어만 빼놓고 보면 줄 수 있는 이름이 얼마나 간단한지 깨닫고는 기절초풍을 할 지경이었어요.

암튼 뭔가 미로 같을 거라 예상했던 to부정사의 실제 쓰임 찾아보기의 결과는 의외로 너무 단순했어요. to부정사에 줄을 치면서 처음으로 들었던 생각은 to부정사는 '~하기 위하여'로만 해석을 해도 어느 정도는 되겠구나, 였어요. to부정사의 용법이 무수히 많으므로 실제 소설 안에서 이런 저런 용법들이 난무하겠구나 싶었는데 막상 줄을 그어 가며 표시를 하고 보니 딱히 그렇지 않았거든요.

to부정사의 쓰임은 '~하기 위하여', 즉 '목적을 나타내는 부사적 용법'으로 가장 많이 쓰이더라고요. 굳이 수치화할 필요가 없었어요. 명사, 형용사, 부사를 기본으로 다시 주어, 보어, 목적어, 한정적 용법, 서술적 용법, 때, 장소, 이유, 결과, 방법, 정도, 조건, 양보 등등 셀 수 없이 많아 정복이 요원해 보이기만 했던 to부정사 용법이 실제로 책 안에서는 그다지 어렵게 다가오는 문제가 아니더라고요.

일단 to부정사는 용법을 정확하게 모른다고 해도 분사처럼 완전히 길을 잃은 느낌을 주지는 않는다는 걸 알았어요. to부정사는 그럭저럭 꿰맞추어 정확하지는 않아도 대충 해석을 할 수 있겠더라고요. 물론 100% 다 그런 건 아니지만 절이 구로 바뀌는 과정에서 뜬금없어 보이는 상황을 자주 연출하는 분사와는 달리 to부정사는 절의 테두리 안에서 쓰이므로 문장 자체를 흔드는 일은 그리 많지 않더라고요.

결국 틀리는 한이 있더라도 그럭저럭 꿰맞추는 게 가능한 것이 to부정사의 특징이라면, 분사는 아예 손을 대지 못하는 상황을 일으키기도 한다는 게 제 생각이에요. 그러므로 분사는 정말 신경을 써서 원칙을 기억하고 있어야겠고요, to부정사는 일단 용법이 다양하다는 걸 기본으로 삼고 용법이 다양하기는 하나, 네댓 개가 아주 많이 쓰이고 나머지는 고만고만하게 조금씩 쓰인다는 걸 기억하고 있는 게 중요해요.

to부정사를 문장 안에서 만났다면 머릿속에서는 to부정사가 '~하기 위하여'로 해석될 가능성이 50%가 넘는다는 사실이 떠오르고 있어야 해요. 그리고 나머지 50%도 어떻게 구성되어 있는지 잘 알고 있어야 하고요.

언어는 공식을 만들어 놓아도 그 공식이 어떻게 쓰이는지 정확한 수치로 말하기가 쉽지 않아요. to부정사도 마찬가지로 '~하기 위하여'로 해석되는 빈도가 상황에 따라 달라요. 그러므로 정확하게 몇 %다라고 말씀드리는 게 정말 조심스럽긴 해요. 하지만 수치를 딱 이야기하면 감이 빨리 오고 신뢰할 수가 있잖아요. 그래서 저는 to부정사 얘기할 때는 수치 얘기를 많이 하는 편이에요.

문장 분석을 하다 보면 어떤 글들은 한 페이지에 나오는 to부정사들 중 '~하기 위하여' 용법으로 쓰인 비율이 70% 정도에 육박하는 경우도 있어요. 그 정도로 to부정사 쓰임에서 '~하기 위하여'가 차지하는 비중이 높답니다.

to부정사의 용법을 다시 생각해 볼까요? 동사가 동사의 자리, 즉 주어 다음에서 시제 변화를 하지 않고 다른 자리로 가게 되면 둔갑을 한다고 말씀드렸어요. 그리고 그 둔갑형 중의 하나가 to부정사인데, to부정사는 가는 곳이 명사, 형용사, 부사 자리로서 결국 시제 변화 이외에는 모든 자리에 다 간다고 볼 수 있어요.

참으로 공사가 다양한 둔갑형이 아닐 수 없어요. 그래서 to부정사의 용법을 따지고 공부하다가 새 울고 날 새는 거 아닌가 하는 걱정이 살짝 들 수도 있는데 다행히도 막상 실전에 들어가면 그리 어렵지는 않다는 좋은 소식이 기다리고 있어요.

원칙상으로는 우리의 골머리를 썩일 것 같은 to부정사가 막상 실전에서 그리 어렵지 않은 이유는,

첫째, to부정사는 분사와는 달리, 많은 경우 어림짐작이 가능하기 때문이에요. 절 안에서 고만고만하게 쓰이는 to부정사는 정확한 문법을 이해하고 있지 않아도 어림짐작으로 그냥 그냥 해결할 수 있는 경우가 많아요.

둘째, 명사, 형용사, 부사의 자리 즉, 시제 변화 이외의 모든 자리에 다 갈 수 있으므로 용법 자체는 다양하지만, 막상 실전에서 주로 쓰이는 쓰임새는 그리 많지 않기 때문이에요.

자, 그래서 to부정사에 대한 우리의 해결책을 다시 정리해 보면

① 일단 to부정사의 본색을 이해한다.
② to부정사의 쓰임 중 '~하기 위하여'가 차지하는 비중이 높다는 걸 기억한다.
③ to부정사의 용법 중 많이 쓰이는 몇 가지를 달달달 외운다.

to부정사의 본색

1. to부정사의 본색
- 동사의 둔갑형의 하나
- to + 동사원형
- 명사, 형용사, 부사의 자리로 간다.

  명사는 다시 주어, 보어, 목적어 자리로 간다.

  형용사는 다시 한정적 용법, 서술적 용법으로 쓰인다.

  부사는 때, 장소, 이유, 조건, 목적, 양보, 정도, 방법 등등으로 쓰인다.

2. to부정사의 해결책
- to부정사는 가는 곳이 많아 용법 자체는 다양하나 주로 많이 쓰이는 몇 가지가 있다. 그것을 달달 외운다.
- 부사적 용법인 '~하기 위하여'(목적)가 가장 많이 쓰인다.
- 명사적 용법, 형용사적 용법, 부사적 용법의 예문을 빈틈없이 외워 둔다.

3 '~을, 를'
– 목적어 자리에 쓰인 명사적 용법

to부정사는 이름 주기가 대단히 쉬워요, 라고 말씀을 드리긴 했지만 전혀 문제가 없는 건 아니에요. to부정사는 사실 to + 명사 형태의 전치사구와 헷갈릴 소지를 가지고 있거든요. 세상에 거저먹을 수 있는 건 정녕 없는 것 같지요?

문장 안에서 to는 정말 수시로 발견되므로 to를 만났을 때 어떻게 해결할지를 미리 정해 놓고 있어야 해요. to를 빨리 해결하지 못하고 망설이면 곤란해요. 양이 대단히 많으니까요.

자, 문장 안에서 to를 만났을 때 어떻게 해결해야 할지 처음부터 다시 알아볼까요.

| to부정사인지 전치사구인지 살피기

일단 문장 안에서 to를 만났다면 그건 두 가지의 가능성을 가지고 있어요. to + 동사원형의 to부정사거나 to + 명사의 전치사구이거나.

- I go to school to study.

두 개의 to가 보여요. to school과 to study는 각각 전치사구와 to부정사라고 말씀드릴 수 있지요. school은 명사고 study는 동사니까요.

| '~하기 위하여' 여부 살피기

to부정사라는 결론이 났다면 to부정사는 명사, 형용사, 또는 부사의 자리에 간다는 걸 기억해야 해요. 그래서 원칙적으로는 명사, 형용사, 부사의 가능성을 다 따져 보아야 하는데 그걸 처음부터 다 따지고 있다가는 새 울고 날 새는 수가 있으므로 일단 가장 많이 쓰이는 용법이라고 볼 수 있는 '~하기 위하여'의 여부를 살펴본다고 했어요.

■ I did it to help you.

I는 주어고 did는 동사예요. it은 목적어고요. 일단 3형식 문장으로 '나는 그것을 했다'라고 잠정적으로 해석할 수 있어요. 그런데 뒤에 help you가 있어요. to 다음에 온 것이 help라는 동사이므로 to부정사라고 부를 수 있어요. to부정사는 명사, 형용사, 부사 자리에 쓰이므로 to help는 원칙적으로 무수히 많은 해석의 가능성을 지니고 있어요. 그런데 먼저 '~하기 위하여'의 가능성을 두드려 보자고 말씀드렸지요. 신나게 두드려 볼까요?
 I did it - 나는 그것을 했다, to help - 돕기 위하여.
 다시 매끄럽게 정리를 해 보면 '나는 돕기 위하여 그것을 했다'.
 괜찮지요?
 문장 해석이 매끄러운 듯싶어서 일단 쌩끗 웃었어요. 그런데 어쩐지 찜찜해요. 왜 그럴까요?

1. to부정사의 용법은 알다시피 많아요. '~하기 위하여'가 매끄럽긴 한데 다른 용법을 다 확인해 보지는 않았어요. 괜찮을까요? 다른 용법으로도 해석이 되면 어쩌지요?
2. to help를 to부정사의 유명한 용법인 부사적 용법 중의 하나 '~하기 위하여'로 해석을 해서 처리하긴 했어요. 그런데 그 뒤의 you는 뭐지요? to부정사는 to + 동사원형이잖아요. 동사원형인 help는 이미 나왔고 you는 도대체 뭘까요?

제가 한 질문이지만 참 좋은 질문 같아요. 자문을 했으니 이제 자답을 해 볼게요.

1. to부정사의 용법은 네, 많아요. 정말 많아요. 그러나 대부분 여러 가지 용법으로 해석이 가능하거나 겹치거나 헷갈리는 경우는 대단히 드물어요. 앞으로 to부정사의 용법을 계속 세세하게 공부하면서 확인하게 될 거예요. 그러니 '~하기 위하여'가 어색하지 않다면 일단은 안심하고 믿고 나가 주세요.
2. you는 바로 to부정사가 달고 온 것이랍니다. 즉, 동사가 동사 자리에 있지 못하고 둔갑을 했을 경우 더 이상 동사라고 부를 수는 없지만 출신이 동사라 동사의 성질은 그대로 간직한다고 했어요. 이때 동사의 성질을 나타내는 방법이 동사의 제대로 된 자리, 즉 시제일 때와는 달라서 따로 공부를 해야 한다고 말씀드렸어요. 그러나 목적어, 보어, 부사 등을 뒤에 달고 오는 성질은 따로 공부할 필요가 없어요.

시제 변화일 때와 마찬가지로 그냥 뒤에 달고 오면 되는 거예요.
예를 들어 볼게요.
I help you에서 help 다음에 온 you는 목적어지요. 이렇게 문장 안에서 목적어는 시제 변화 동사 뒤에 오게 되어 있어요. 아주 자연스런 문법이지요.
우리가 앞에서 본 I did it to help you에서도 you는 똑같이 help 다음에 왔어요. 해석도 같아요. '너를 돕는' 거지요.

| 달고 오는 것 챙기기

여기서 잠깐, 달고 오는 것을 얘기해 볼까요?
저는 달고 오는 것들에 대한 얘기만 하려고 하면 목이 멘답니다. 참으로 발군의 감수성이 아닐 수 없어요.
어학원에서 수업을 할 때는 주로 학생들이 먼저 문장 분석을 하고 제가 체크를 하는 방식으로 진행을 했었어요. 그런데 학생들이 문장 분석을 하면 둔갑형을 찾는 데 열중들을 하느라 그 둔갑형 뒤에 오는 목적어, 보어, 부사 등을 제대로 찾지 못해 어찌나 고단한 시간을 보내던지….
사실 달고 오는 것들을 찾는 일은 어려운 일이 아니랍니다. 오히려 상대적으로 쉬운 일이다 보니 막상 실전에서는 집중을 제대로 하지 않아 개념 자체를 잊게 되고 달고 오는 것들을 to부정사와 연결시키지 못하고 길을 잃어 버려 결국 문장 구조를 엉망진창으로 보게 되는 거지요.
암튼 둔갑형이 눈에 띄는 순간 그 둔갑형은 뒤에 뭔가를 달고 왔을 가능성이 무지하게 아주 무지하게 크다는 걸 꼭 기억해 주길 거듭거듭 당부드려요!

정리를 해 보면 일단 문장 안에서 to를 만났다면 그건 to부정사거나 전치사구(to + 명사)일 거예요. 어떤 건지는 금세 판가름이 나요. to 뒤에 동사가 왔으면 to부정사, 명사가 왔으면 전치사구지요. 간단해요.

그렇게 to부정사로 결론이 났다면 일단 '~하기 위하여'로 해석을 해 주십사 말씀드렸어요. 그리고 이때 to부정사의 'to + 동사원형'만 달랑 해결하고 돌아서면 큰일나지요? 둔갑형은 그 뒤에 뭔가를 달고 왔을 가능성이 대단히 크므로 그 뒤에 달고 온 것들도 반드시 챙겨서 묶어 놓아야 to부정사가 비로소 다 해결이 난다는 걸 잊지 말아 주세요.

둔갑형은 그야말로 동사랍니다. 용법만 명사니, 형용사니, 부사니 바뀌었지 딱 동사예요. 동사의 성질을 다 지니고 있으니까요.

동사의 성질을 다 지니고 있지만 동사의 성질을 시제일 때와 똑같이 나타낼 수는 없어요. 그러나 달고 오는 것들은 그러니까 예외라고 볼 수 있어요. 시제 변화일 때도 단순히 뒤에 두고 둔갑형일 때도 단순히 뒤에 두니까요.

둔갑형이 목적어, 보어, 부사 등을 달고 올 가능성은 왜 그렇게 높은 걸까요?

영어의 문장은 다섯 가지의 형식으로 되어 있어요.

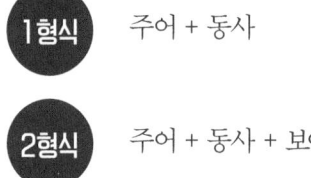

1형식   주어 + 동사

2형식   주어 + 동사 + 보어

 주어 + 동사 + 목적어

 주어 + 동사 + 간접목적어 + 직접목적어

 주어 + 동사 + 목적어 + 목적격보어

보면 알겠지만 동사 뒤에 뭐가 없는 문장은 1형식뿐이지요. 그런데 1형식 문장도 실제 문장 안에서 주어, 동사로 달랑 끝나는 경우는 많지 않아요. 보통 부사 같은 것들이 따라붙어요.

동사, 즉 시제 변화는 이렇게 뒤에 뭔가(목적어, 보어, 부사 등등)를 늘 동반하고 오는 거지요. 그리고 둔갑을 한 동사도 동사의 성질을 그대로 지니고 있으므로 뒤에 뭔가를 동반하고 오는 건 절대 변하지 않아요. 저는 이렇게 뒤에 오는 뭔가를 둔갑형에서는 달고 오는 것들이라고 명명을 해서 반드시 찾아 둔갑형과 묶어 줄 겁니다.

I did it to help you가 비로소 명쾌하게 보이지요?

| 목적어로 쓰였는지 따지기

이제 새로운 to부정사의 유형을 볼까요?

- I want to help you.

to help you는 익숙하지요? you가 이제는 help와 엮여 보이면서 달고 오는 것들이 파박! 하고 떠올랐을 거예요.

문장 분석을 시작해 볼까요?

I는 주어고요. want는 동사예요. 그런데 want는 '~을'에 해당하는 목적어가 필요한 대표적인 타동사예요. '나는 원한다'라고 해석을 끝낼 수 없어요. 목적어가 반드시 필요해요. 이런, 뒤에 우리에게 편안한 명사 대신 to부정사가 떡하니 와 있네요.

자, 여기서 아주 중요한 원칙 하나를 기억해 주세요. to부정사가 만일 동사 뒤에 왔다면 목적어인지 여부를 반드시 체크해 주는 거예요.

영어 문장은 기본 5형식의 다섯 가지가 골고루 있는 거 같지만 그렇지 않다고 말씀드렸지요. 3형식이 당연 우세예요.

그러니 결국 동사 다음에는 목적어가 나올 가능성이 대단히 많고 그 목적어 자리에 to부정사가 올 확률도 상당히 높겠지요.

I가 주어이고 want가 목적어를 필요로 하는 동사니 뒤에 온 to부정사가 목적어인지 여부를 따지는 것은 유익한 일이겠지요.

I　want　to help you.
나는　원한다　너를 돕는 것을

to help를 목적어로 보고 해석을 해 보았어요. '나는 너를 돕는 것을 원한다'라는 매끈한 해석이 가능해요.

정리를 해 보면 to부정사는 여기서 목적어 자리에 쓰였어요. to부정사는 명사 자리에도 갈 수 있는 둔갑형이라고 공부했어요. 명사는 다시 주어, 보어, 목적어 자리에 갈 수 있었어요. 목적어 자리에 갈 수 있는 to부정사가 want 다음의 목적어 자리에 당당하게! 쓰였어요. 문제없지요?

 사실 제가 to부정사가 나오면 제일 먼저 '~하기 위하여'를 생각해 주세요, 라고 말씀드렸지만 실전에서는 동사 뒤에 to부정사가 왔다면 목적어로 쓰였는지 여부를 판단해야 하는 일이 더 먼저예요.

 다시 정리를 해 보면 to부정사의 쓰임에서 가장 빈도수가 높은 것은 '~하기 위하여'지만 실제로 문장 분석 과정에서 동사 뒤에 to부정사가 왔다면 가장 먼저 해결해야 할 일은 to부정사가 목적어로 쓰였는지 여부를 따지는 일이에요. to부정사의 용법, 그 두 번째는 '~을, 를'이 되겠어요.

to부정사의 용법 '~을, 를' *2번 쓰기*

문장 안의 to부정사 탐색

<u>I</u>　<u>did</u>　<u>it</u>　<u>to help</u>　you.
주어　동사　목적어　to부정사

to부정사를 일단 '~하기 위하여'로 해석해 본다.

I did it　나는 그것을 했다.
to help　돕기 위하여 　→ '나는 돕기 위하여 그것을 했다.'

1. 문제점 두 가지
   ① to부정사의 용법은 대단히 많다. '~하기 위하여'가 매끄럽긴 하지만 다른 용법으로 해석될 수도 있다.
   ② to help를 부사적 용법 중의 하나 '~하기 위하여'로 해석을 해서 처리했다. 그런데 그 뒤의 you는 도대체 뭘까?

2. 해답 두 가지
   ① to부정사의 용법은 정말 많으나 대부분 쓰임이 명쾌하므로 겹치거나 헷갈리는 경우는 드물다. '~하기 위하여'가 어색하지 않다면 안심하고 밀고 나간다.
   ② you는 to부정사가 달고 온 것. 동사가 둔갑을 했을 경우, 더 이상 동사라고 부를 수는 없지만 출신이 동사라 동사의 성질은 그대로 간직한다.
   • I help you에서 help 다음에 온 you는 목적어.
   문장 안에서 목적어는 시제 변화 동사 뒤에 오게 되어 있다.

I did it to help you에서도 you는 똑같이 help 다음에 왔다. 해석도 같다.
'너를 돕는다.'

3. to부정사는 그 뒤에 뭔가를 달고 올 가능성이 대단히 크다. 그 뒤에 달고 온 것들도 반드시 챙겨서 묶어 놓아야 to부정사가 비로소 다 해결된다.

4. 달고 오는 경우가 대단히 많은 이유

1형식   주어 + 동사
2형식   주어 + 동사 + 보어
3형식   주어 + 동사 + 목적어
4형식   주어 + 동사 + 간접목적어 + 직접목적어
5형식   주어 + 동사 + 목적어 + 목적격보어

동사 뒤에 뭐가 없는 문장은 1형식뿐.
1형식 문장도 보통 부사 같은 것들이 따라붙는다.
동사, 즉 시제 변화는 뒤에 뭔가(목적어, 보어, 부사 등등)를 동반한다. 둔갑을 한 동사도 동사의 성질을 그대로 지니고 있으므로 뒤에 뭔가를 동반하고 오는 건 절대 변하지 않는다.
뒤에 오는 뭔가를 둔갑형에서는 달고 오는 것들이라고 명명해서 반드시 찾아 둔갑형과 묶어 준다.

to부정사의 용법 '~을, 를'

I want to help you.
주어 동사

want는 '~을'에 해당하는 목적어가 필요한 대표적인 타동사.
목적어로 명사와 to부정사가 올 수 있다.

1. to부정사가 만일 동사 뒤에 왔다면 목적어인지 여부를 반드시 체크.
   영어 문장은 2, 3형식이 주로 많이 쓰이는데 3형식이 가장 많다.
   결국 동사 다음에는 목적어가 나올 가능성이 대단히 높고, 그 목적어 자리에 to부정사가 올 가능성이 높다.

   I want to help you. → 나는 너를 돕는 것을 원한다.
   나는 원한다 너를 돕는 것을
   　　　　　　　(목적어로 해석)

2. to부정사는 명사 자리에 갈 수 있는 둔갑형.
   명사는 다시 주어, 보어, 목적어 자리에 갈 수 있다.
   to부정사가 want 다음의 목적어 자리에 쓰였다.

3. to부정사의 쓰임에서 가장 빈도수가 높은 것은 '~하기 위하여'지만 실제로 문장 분석 과정에서 동사 뒤에 to부정사가 왔다면 목적어로 쓰였느냐의 여부를 따지는 것이 먼저.

4 '~할, ~일'
– 명사를 꾸미는 한정적 용법의 형용사적 용법

우리는 지금 to부정사의 용법에 대해서 공부하고 있어요. 순서를 정리해 보면

1. to부정사에 이름을 준다 – to + 명사의 전치사구와 헷갈리지 말자.
2. 일단 '~하기 위하여'로 해석이 가능한지 살핀다 – 가장 많이 쓰이는 용법
3. 동사 뒤에 to부정사가 왔다면 목적어(명사적 용법)로 쓰였는지 여부를 살핀다 – 세상은 3형식 세상.
   동사 다음에 목적어가 올 확률이 높고 더불어 그 자리에 to 부정사가 올 확률도 높다.

to부정사는 해석을 잘하는 것도 중요하지만요, 보고 또 보는 과정을 거쳐 완전히 내 것으로 만들어 작문을 할 때 미국 사람들이 쓰는 양만큼 나도 쓸 수 있게 만드는 게 정말 중요하답니다. 눈으로 봐서는 알겠

지만 막상 쓰려고 하면 정말 힘든 것들 중의 하나예요, to부정사는.
이제 to부정사의 세 번째 용법에 대해서 살펴볼게요.

to부정사가 가는 자리는 명사, 형용사, 부사로서 세 군데예요. 말이 세 군데지, 시제 변화 자리 빼고 다 간다는 얘기예요. 그만큼 to부정사가 갈 수 있는 자리는 다채로워서 우리의 골치를 아프게 하지요.
일단 to부정사의 해석이 다양하다는 걸 마음에 깊이 새기고 준비를 하고 있어야 해요.
명사, 형용사, 부사 세 가지는 다시 주어, 보어, 목적어, 한정적 용법, 서술적 용법, 그리고 또 다채로운 부사의 용법들로 쓰일 수 있다는 걸 기억하고 해결책을 정리해 볼까요.

원칙적으로 to부정사의 쓰임을 다 모아서 백번이고 천 번이고 달달 베껴 써 보는 게 제 해결책이랍니다. 바빠 죽겠는데 어느 세월에 쓰냐고 할지도 몰라요. 그러나 평생을 헤맬 수도 있는 to부정사의 용법이 백번 천 번 써 보는 걸로 끝난다면 저는 그게 바로 기적이라고 생각한답니다.
그런데 문제는 그 많은 용법이 n분의 1로 문장에 나타나지는 않는다는 거예요. 즉, 용법은 다양하고 많지만 그중 많이 쓰이는 몇 개가 있으므로 그걸 일단 먼저 공부하자고요.

많이 쓰이는 to부정사의 용법 중 우리는 두 가지를 먼저 공부했어요. '~하기 위하여'와 '~을(를)'로 해석이 되는 두 가지로 각각 부사적 용법과 목적어 자리에 쓰인 명사적 용법이었어요.
세 번째 to부정사의 용법은 to부정사가 형용사로 쓰이는 경우예요. to부정사가 형용사로 쓰인다는 얘기는 to부정사가 명사를 꾸민다(수식

한다)는 얘기겠지요?

그리고 형용사의 용법에는 명사의 앞이나 뒤에서 꾸미는 한정적 용법과 보어 자리에서 꾸미는 서술적 용법의 두 가지가 있었어요.

우리는 그중에서 한정적 용법을 공부할 거예요. '~하기 위하여'와 '~을(를)'에 이어 세 번째로 많이 쓰이는 to부정사 용법이냐? 그건 아니에요. '~하기 위하여'가 일단 압도적으로 많이 쓰이고요, 나머지는 비슷비슷해요.

한정적 용법의 예를 들어 볼게요.

■ big house

big이 house를 꾸미고 있어요. 집이 어떤 집인가 하면 큰 집이에요. '큰'이 '집'을 꾸미고 있어요.

형용사는 단어, 구, 절이 있는데 단어는 앞에서 꾸미고 구와 절은 뒤에서 꾸민다는 아주 중요한 원칙이 또 있어요. big은 하나의 단어이므로 house의 앞에서 꾸미고 있어요.

형용사의 서술적 용법은 간단해요. 우리말로는 '~하다'라고 해석이 되는 경우를 말하는데 영어에서는 보어 자리에 쓰여요. 보어 자리에 쓰인다 함은 불완전자동사 뒤라는 얘기겠지요?

■ The house is big.

The house는 주어고요. is는 불완전자동사예요. 뒤에 장소를 뜻하는 표현이 없으므로 불완전자동사로 볼 수 있어요. (be동사는 완전자동사, 불완전자동사 두 가지로 쓰일 수 있어요. 장소를 나타내는 표현이 뒤에 나오면 보통 1형식의 완전자동사로 보고 그렇지 않으면 불완전자동사로 간주해요.)

is가 불완전자동사이니 뒤에는 보어가 나올 수 있어요. 보어 자리에는 명사나 형용사가 올 수 있는데 big은 형용사네요. 보어 자리의 형용사는 서술적 용법으로 쓰인 거예요.

자, 다시 to부정사로 돌아가 볼까요.
'할 일'이라는 구를 만든다고 하면 '일'은 work일 테고요, '할'도 do라는 동사가 자연스럽게 떠올라요. 그래서 사전을 펼쳐 'do'를 보았더니 '하다'만 있을 뿐 '할'은 찾을 수가 없어요.
이때가 문법이 등장을 할 타이밍이랍니다. 곰곰이 생각을 해 보자고요. 동사의 운명은 딱 두 가지라고 했어요. 시제 변화와 둔갑. '할'은 시제 변화로 쓰인 경우는 아니에요. 시제 변화로 쓰이면 '~ 다'라는 해석이 필요해요.
시제 변화가 아니니 당연히 둔갑이겠지요? 그러니까 '할'은 동사가 시제 변화 자리에 있지 못하고 명사나 형용사, 부사 자리로 간 거예요. 따져 볼까요?
'할'은 '일'을 꾸미고 있어요. 형용사로 쓰였어요. 그리고 '일'이라는 명사에 붙어서 꾸미고 있으니 한정적 용법이에요.
동사가 동사의 자리에 있지 못하고 다른 자리로 가서 형용사 일을 하는 경우는 두 가지가 있어요. to부정사와 분사. 그중 해석이 '~일, ~할' 경우에는 to부정사를 고르면 좋아요.
다시 정리를 하면 '할 일'을 영어로 바꿀 경우, '할'은 to do로 바꾸고 '일'은 work로 바꾸면 되겠어요.
영어로 완성을 해 볼까요?

→ to do work

음… '할 일'이라는 한국말을 영어로 바꾸어 보았어요. 그런데 이상해요. 많이 이상해요. 왜 그럴까요? 자리가 잘못되어서 그래요.
즉, 형용사의 한정적 용법에서 단어(형용사)는 명사 앞으로 가서 꾸미고 구나 절이 형용사 역할을 할 때는 명사 뒤로 가서 꾸미라는 원칙이 있는데 구인 to do가 앞에서 꾸미고 있어요. 옳지 않은 일이에요. 자, 그럼 뒤로 가서 꾸미도록 해 볼까요?

→ work to do

아 좋은데요?
영어는 자리가 정말 중요한 언어라고 말씀드렸어요. 주어, 보어, 목적어는 명사일 경우 생김새가 똑같아요. 그럼에도 주어인지 보어인지 목적어인지 잡아내는 일은 자리가 담당을 한다고 했어요.
예를 들어 볼게요.

- Tom is my friend. 톰은 내 친구이다.
- My friend is Tom. 내 친구는 톰이다.
- I like Tom. 나는 톰을 좋아한다.

위의 문장들에 세 개의 똑같은 Tom이 있어요. 그런데 해석은 다 달라요.
자리가 중요하다는 원칙은 명사에만 해당하는 것이 아니고 형용사에도 해당이 돼요. 단어는 앞에서 꾸미고, 구나 절은 뒤에서 꾸민다는 원칙은 정말 중요해요. '할 일'은 work to do라고 써야지, 절대 to do work 라고 쓰지 않아요.

to부정사는 to + 동사원형, 즉 구의 형태이므로 절대 명사의 앞에서 꾸미지 않아요. to부정사가 한정적 용법의 형용사로 쓰이면 반드시 뒤에 가서 꾸미게 되어 있어요.

예를 몇 가지 들어 볼게요.

- homework to finish 끝내야 할 숙제
- mail to send 보낼 메일
- book to read 읽을 책

work to do를 넣어서 가볍게 문장도 하나 만들어 볼까요.

- I have a lot of work to do. 나는 많은 할 일을 가지고 있어.(나는 할 일이 많아.)

to부정사는 이렇게 '~할, ~일, ~인' 등으로 해석이 되는 형용사의 한정적 용법으로도 정말 많이 쓰여요.

to부정사의 용법 '~할, ~일'

to부정사의 빠른 해석

1. to부정사에 이름을 준다 - to + 명사 형태의 전치사구와 헷갈리지 말자.

2. 일단 '~하기 위하여'로 해석이 가능한지 살핀다 - 가장 많이 쓰이는 용법.

3. 동사 뒤에 to부정사가 왔다면 목적어(명사적 용법)로 쓰였는지 살핀다.
   - 세상은 3형식 세상. 동사 다음에 목적어가 올 확률이 높고 더불어 그 자리에 to부정사가 올 확률도 높다.

to부정사의 형용사적 용법

1. to부정사가 형용사로 쓰인다는 건 to부정사가 명사를 꾸민다는 것. 형용사의 용법에는 명사의 앞이나 뒤에서 꾸미는 한정적 용법, 보어 자리에서 꾸미는 서술적 용법이 있다.

2. to부정사가 형용사의 한정적 용법으로 쓰이는 경우가 세 번째로 많은 것은 아니다. '~하기 위하여'가 압도적으로 많이 쓰이고, 나머지 용법은 다 비슷비슷하다.

3. '할 일'을 영어로 만들기
   • 동사의 운명은 딱 두 가지 - 시제 변화와 둔갑.
   • '할'은 시제 변화로 쓰인 경우가 아니니 당연히 둔갑. '할'은 동사가 시제

변화 자리에 있지 못하고 명사나 형용사, 부사 자리로 간 것.
- '할'은 '일'을 꾸미고 있으니 형용사. '일'이라는 명사에 붙어서 꾸미고 있으니 한정적 용법.
- 동사가 동사의 자리에 있지 못하고 다른 자리로 가서 형용사 일을 하는 경우는 두 가지 – to부정사와 분사.
- 해석이 '~일, ~할'일 경우에는 to부정사를 고르면 좋다.

'할 일'을 영어로 바꿀 경우 할은 to do로 바꾸고 일은 work.

4. 형용사의 자리

to do work. (x)

work to do. (o)

단어는 명사 앞에서 꾸미고, 구나 절은 명사 뒤에서 꾸민다.
to부정사가 한정적 용법의 형용사로 쓰이면 반드시 뒤에서 꾸미게 되어 있다.

homework to finish 끝내야 할 숙제
mail to send 보낼 메일
book to read 읽을 책

5 '~하기에'
- 형용사 뒤에 오는 부사적 용법

가장 많이 쓰이는 to부정사의 마지막 용법, 형용사 뒤에 오는 부사적 용법을 살펴볼까요.
부사는 두 가지로 표현을 할 수 있어요.

동사, 형용사, 부사 또는 문장 전체를 꾸민다.
때, 장소, 이유, 조건, 목적, 결과, 정도, 방법, 판단의 근거 등등에 쓰인다.

명사, 형용사는 그 쓰임을 간단하게 요약할 수 있는 데 반해 부사는 뭐가 정말 줄줄이 많아요.

to부정사가 하는 일 중에 형용사 뒤에서 부사적으로 꾸미는 일이 있어요. 우리는 이 용법을 우리가 먼저 생각해 두어야 할 용법 목록의 마지막에 넣을 거예요.
to부정사가 어떤 식으로 형용사 뒤에서 부사적으로 꾸미는지 예문을 통해서 볼까요.

■ I am sorry to hear that.

문장 분석을 해 볼게요. I는 주어고, am은 불완전자동사로 뒤에 sorry라는 보어이자 형용사를 데리고 왔어요. 아주 흔하고 쉬운 2형식 문장이에요.

그런데 뒤에 to hear that이 있어요.

이 to부정사는 우리가 이미 배운 세 가지 중 어디에 해당하는지 볼까요.

① '~하기 위하여' : 말이 되지 않아요. '나는 그것을 듣기 위하여 미안하다'가 될 수 없겠지요?

② '~을, 를' : 위 문장은 이미 2형식으로 결론이 났어요. 목적어가 되려면 타동사가 필요한데 없어요.

③ 명사 수식 : 해당이 안 돼요. 꾸며 줄 명사가 없으니까요.

다시 I am sorry to hear that으로 돌아와서 '나는 미안하다'까지 해석이 되었어요. sorry라는 형용사 뒤에 있는 to hear that은 미안한 이유가 될 수 있어요. 이유는 부사적 용법의 하나예요.

문장 분석을 다시 해 볼게요.

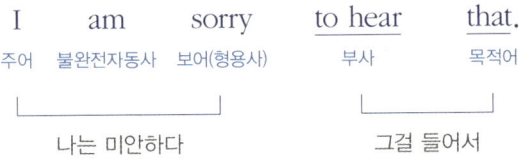

→ 그 소식을 듣게 되어 유감이다.

이렇게 형용사 뒤에서 부사적 용법으로 쓰이는 to부정사도 은근 많아요. 해석을 '~하기에, ~하니, ~해서' 등으로 할 수 있지요. 몇 가지 예문을 더 들어 볼게요.

- This water is too hot to drink. 이 물은 마시기에 너무 뜨겁다.
hot이라는 형용사 뒤에 쓰여 '마시기에'로 해석.

- English is hard to learn. 영어는 배우기 어렵다.
hard라는 형용사 뒤에 쓰여 '배우기(에)'라고 해석.

- I am glad to meet you. 너를 만나서 반갑다.
glad라는 형용사 뒤에 쓰여 '너를 만나서'라고 해석.

공사다망한 to부정사의 용법을 정확하게 그리고 빨리 해결하기 위해서 많이 쓰이는 몇 가지 용법을 모은 후 순서를 주어, to부정사를 만났을 때 많이 쓰이는 그 용법들을 도입해 보는 거예요. 우리가 공부한 4가지 용법만 알아도 사실 80~90% 이상이 해결된답니다.

to부정사의 용법 '~하기에'

1. to부정사의 흔한 쓰임

    ~하기 위하여 (목적을 나타내는 부사적 용법)

    ~을, 를 (목적어 자리에 쓰인 명사적 용법)

    ~할, ~일 (명사를 꾸미는 한정적 용법의 형용사적 용법)

    ~하기에 (형용사 뒤에 오는 부사적 용법)

2. 부사란
    - 동사, 형용사, 부사 또는 문장 전체를 꾸밈.
    - 때, 장소, 이유, 조건, 목적, 결과, 정도, 방법, 판단의 근거 등등.

3. **I   am   sorry   to hear   that.**
    주어   불완전   보어이자   to부정사   목적어
           자동사   형용사

    - to부정사의 용법 적용

        ① 부사적 용법 '~하기 위하여' : 말이 되지 않음.

        ② 명사적 용법 '~을, 를' : 2형식 문장이라 적용이 안 됨.

                    목적어가 되려면 타동사가 필요한데 없음.

        ③ 형용사적 용법 : 꾸며 줄 명사가 없음.

    - to hear that은 형용사 sorry 뒤에서 부사로 쓰임.

        to hear that은 미안한 이유가 될 수 있고, 이유는 부사적 용법의 하나임.

4. 형용사 뒤에서 부사적 용법으로 쓰이는 to부정사도 많음.

　해석을 '~하기에, ~하니, ~해서' 등으로 할 수 있는 경우들.
- This water is too hot to drink.
    - hot이라는 형용사 뒤에 쓰여 '마시기에'로 해석.
- English is hard to learn.
    - hard라는 형용사 뒤에 쓰여서 '배우기에'라고 해석.
- I am glad to meet you.
    - glad라는 형용사 뒤에 쓰여 '너를 만나서'라고 해석.

5. to부정사의 용법을 정확하게, 빨리 해결하기 위해서 많이 쓰이는 몇 가지 용법을 모은 후 순서를 주어, to부정사를 만났을 때 일단 많이 쓰이는 용법을 도입해 본다.

2. 분사에 이름 주기

분사는 그 자체로도 둔갑형이라 골치가 아픈데
종류가 두 가지로 나뉘어서 더욱 우리를 힘들게 한답니다.
분사는 절대 쉽지 않아요. 하지만 분사를 완벽하게
이해하고 나면 영어가 얼마나 가깝게 느껴지는지 몰라요.
고급 영어로 가는 지름길은 분사가 안내할 거예요.

1 동명사가 아니면 현재분사

원래 동사였으나 둔갑을 하여 형용사의 자리에 가서 쓰이는 분사는 현재분사, 과거분사 두 개가 있어요. 현재분사는 -ing 형태로 동명사와 같은 모양을 하고 있고요, 과거분사는 -ed 형태로 과거동사와 같은 모양을 하고 있어요.

물론 3단 변화 속에서 3가지가 각각 다른 경우도 있어요. 예를 들어 know-knew-known같이 동사원형, 과거동사, 과거분사가 다른 모양을 하고 있으면 문장 안에서 분사 문법을 해결하기 좋아요.

불규칙 3단 변화표를 이 기회에 몇 번씩 써 보면 어떨까요. 10번 어때요? (91쪽 참고)

불규칙 3단 변화는 사실 그렇게 많지 않고요, 많은 경우 과거동사와 과거분사가 같은 모양을 하고 있어요. 가끔씩 이걸 분사라고 해야 할지 과거동사라고 해야 할지 골치 아픈 경우가 종종 있지요. 이런 것들은 당연히 문법의 원칙으로 풀어야겠지요?

과거분사는 그렇다 치고 -ing 형태를 가지는 현재분사는 어떨까요? 현재분사는 불규칙 형태가 거의 없어요. 있다면 run-running처럼 자음을 하나 더 붙이는 거와 come-coming처럼 e를 빼는 정도일까요.

분사를 본격적으로 해결하려고 계속 시동을 걸고 있지만, 분사는 절대 쉽지 않은 문법이에요. 그러나 하나씩 풀면서 차분하게 시간을 가지고 보면 또 아무것도 아닌 문법이랍니다. 다만 다른 문법에 비해 시간이 좀 더 필요해요. 곰곰이 생각해야 하거든요.

자, 그럼 -ing 형태의 현재분사와 동명사, -ed 형태의 과거분사와 과거동사는 어떻게 분간을 하는지 볼까요. 그 전에 일단 둔갑의 일들을 다시 한 번 정리해 볼게요.

to부정사 - 명사, 형용사, 부사의 일
동명사 - 명사의 일
분사 - 형용사의 일
명사가 가는 곳 - 주어, 보어, 목적어 자리

■ Seeing is believing.

이 문장을 분석하려고 보니 Seeing과 believing이라는 두 개의 단어가 -ing의 형태를 취하고 있어요. 동명사일 수도 있고 현재분사일 수도 있다는 생각이 들지요?

언뜻 보기에 is believing은 현재진행 같지만 주어가 Seeing이므로 믿고 있는 중이다, 라는 해석이 좀 이상해요. 일단 Seeing은 주어로 쓰였어요. 주어 자리에는 명사만 갈 수 있어요. 그러니 Seeing은 동명사라고 봐야겠지요? 현재분사라고는 부를 수 없어요. 현재분사는 형용사의 자리에 가깝아요. 명사 자리에서 주어 역할을 할 수 없어요.

Seeing이 주어로 쓰였고, 주어로 쓰였으니 명사일 것이고 -ing는 동명사와 현재분사일 가능성이 있지만 현재분사는 형용사 일을 하므로 명사 일을 하는 동명사라는 결론이 나요.

그러니까 Seeing은 원래는 동사인 see가 주어 자리에 가고 싶어서 동명사로 둔갑을 했어요. 주어 자리에는 명사만 갈 수 있는데 동사인 see가 그대로의 모습으로 갈 수는 없잖아요.

그런데요, 동사가 명사가 된다는 건 뭘 뜻하는 걸까요? 동사가 명사가 된다는 건 '가다', '자다', '먹다'라는 동사가 '가는 것', '자는 것', '먹는 것'이라는 형태가 되는 거예요.

동사가 형용사가 된다는 것은 '가다', '자다', '먹다' 같은 동사가 '가는', '자는', '먹는' 같은 형태가 되어 명사를 꾸미는 거고요. 예를 들어 '자는 아기'에서 '자는'은 의미상으로는 동사지만 여기서는 '아기'를 꾸미는 형용사로 쓰였어요.

동사가 부사가 된다는 것은 동사가 부사의 일을 한다는 거예요. 부사의 일은 알다시피 동사, 형용사, 부사, 문장 전체를 꾸미는 것이고요. 때, 장소, 이유, 조건, 양보, 목적, 결과, 정도, 방법 등등에 쓰여요. I eat to live라는 문장에서 보면 to live는 살기 위하여, 라는 목적을 나타내는 부사로 쓰였어요. live라는 동사가 목적을 나타내는 부사로 쓰이고 싶어서 to부정사가 되었어요.

Seeing is believing을 다시 보면 여기서 Seeing은 동명사예요. 주어 자리에 명사로 쓰였어요. 동사가 명사가 된다는 것은 '~다'라고 해석할 동사가 '~하는 것'이라는 명사가 되는 거라고 말씀드렸어요. 그래서 Seeing은 '보다'가 아닌 '보는 것'이라고 해석을 해야겠지요.

이제 문장 분석을 해 보면 Seeing은 주어고요, is는 불완전자동사예요. is believing을 합쳐서 현재진행으로 생각해 볼 수 있지만, believe(믿다)라는 동사는 사람이 하는 것이지 Seeing(보는 것)이라는 행위가 하는 것은 아니어서 현재진행으로 보는 것은 말이 되질 않아요. 그러니 그 카드는 버리고요.

이제 Seeing이 주어고 is를 불완전자동사로 보면 뒤에는 보어가 와야겠지요? 보어 자리에는 명사와 형용사가 올 수 있어요. 그런데 believing은 -ing 형태를 가지고 있어서 동명사와 현재분사 두 가지의 가능성이 다 있네요? 이럴 땐 두 가지의 가능성을 다 두드려 보는 거예요.

일단 동명사의 가능성을 가지고 believing을 명사로 보면 '믿는 것'이라고 해석이 되겠지요? '보는 것은 믿는 것이다'라는 아주 훌륭한 해석이 되었어요. 이렇게 -ing가 동명사와 현재분사 두 가지의 가능성을 다 가지고 있으면 동명사로 먼저 두드려 보는 것이 훨씬 좋아요.

다시 문장 분석을 해 볼게요.

Seeing	is	believing.
주어	동사	보어

좀 더 자세히 가 볼까요?

Seeing	is	believing.
주어	동사	보어
동명사가 주어로 쓰임	불완전자동사	동명사가 보어로 쓰임
동사가 명사가 되었으므로 '보는 것'이라고 해석	뒤에 온 보어가 명사이므로 '~이다'라고 해석	동사가 명사가 되었으므로 '믿는 것'이라고 해석

이제 까만 콩 하얀 콩의 원리를 사용할 시간이에요. 혹시 까만 콩 하얀 콩이 낯선 분들을 위해 다시 한 번 말씀드리면 여기 통 안에 까만 콩 하얀 콩이 들어 있어요. 그런데 하얀 콩을 꺼냈어요. 그럼 통 안에는 뭐가 남았을까요? 절대 깊이 생각하지 마세요. 당연히 까만 콩이에요.

-ing는 동명사나 현재분사일 가능성이 있어요. 그런데 -ing가 동명사로 쓰였는지의 여부는 금세 판가름이 나는 편이에요. 그래서 우리는 이렇게 할 거예요. -ing가 나왔어요. 근데 좀 어렵다 싶어요. 그럼 동명사로 쓰였는지 먼저 볼 거예요. 동명사로 쓰였다는 것은 명사로 쓰였다는 것이므로 명사가 갈 수 있는 자리인 주어, 보어, 목적어로 쓰였는지 살피는 거지요. 이게 생각보다 쉬워요. 따져 보니 동명사가 아닌 것 같다, 라는 느낌이 오면 현재분사라고 보고 해결을 할 거예요.

예를 들어 볼게요.

- Putting on his coat, he left the house.

여기서 he left the house는 문제가 없어요. 주어, 동사, 목적어의 간단한 문장이거든요. 그런데 그 앞의 putting은 참 뜬금이 없어요. '코트를 걸치고' 정도의 해석은 할 수 있어요. 그런데 문법적으로 어떻게 봐야 할까요?

'해석이 되는데 뭐하러 골치 아프게 문법적으로 분석을 하지?'라고 생각하는 분이 있을 수도 있어요. 늘 말씀드리는 거지만 정확한 문법이 뒷받침되지 않은 해석은 찜찜할 수 있고요, 문장이 간단하지 않고 좀 길어지기라도 하면 길을 잃기 십상이에요. 그리고 무엇보다 문법적으로 정확하게 이해하고 있지 않으면 문장을 만들기가 어려워요. 확신이 없는 문장을 만드는 건 절대 유쾌하지 않아요.

처음에는 좀 복잡하다 싶을지도 몰라요. 그러나 차분하게 반복하면서 이해해 나가면 절대 어렵지 않아요. 저를 믿고 따라오기만 하면 돼요.

다시 Putting on his coat, he left the house로 돌아오면 여기서 Putting은 절대 동명사가 아니에요. 동명사가 되려면 명사의 역할을 해야 하고요, 명사로 쓰이려면 반드시 주어, 보어, 목적어 자리로 가야 하는데 주어, 보어, 목적어로 쓰이려면 최소한 시제 변화로 쓰인 동사가 같이 나와야 하거든요. 근데 없어요.

그래서 putting은 현재분사예요. 그러니까 하얀 콩이 빠져나간 자리에는 당연히 까만 콩이 남는 것처럼 동명사로 쓰이지 않은 -ing는 현재분사일 수밖에 없는 거지요.

동명사와 현재분사

1. 원래 동사였으나 둔갑을 하여 형용사의 자리에 가서 쓰이는 분사는 현재분사, 과거분사 두 개가 있음.
   현재분사는 -ing 형태로 동명사와 같은 모양.
   과거분사는 -ed 형태로 과거동사와 같은 모양.

2. 둔갑의 일들
   to부정사 – 명사, 형용사, 부사의 일
   동명사 – 명사의 일
   분사 – 형용사의 일
   명사가 가는 곳 – 주어, 보어, 목적어 자리

3. **Seeing is believing.**
   Seeing과 believing이라는 두 개의 단어가 -ing의 형태를 취하고 있음.
   동명사일 수도 있고 현재분사일 수도 있음.
   Seeing은 주어로 쓰였음. 주어 자리에는 명사만 갈 수 있음. 그러니 Seeing은 동명사.
   현재분사는 형용사의 자리에만 가므로 명사 자리에서 주어 역할을 할 수 없음.

4. 둔갑의 해석
   - 동사가 명사가 된다는 건 '가다, 자다, 먹다'라는 동사가 '가는 것, 자는 것, 먹는 것'이라는 형태가 되는 것.
   - 동사가 형용사가 된다는 건 '가다, 자다, 먹다'라는 동사가 '가는, 자는, 먹

는'의 형태가 되어 명사를 꾸미는 것.
- 동사가 부사가 된다는 건 동사가 부사의 일을 한다는 것.
  부사의 일은 동사, 형용사, 부사, 문장 전체의 수식.
  때, 장소, 이유, 조건, 양보, 목적, 결과, 정도, 방법 등등을 나타냄.

5. -ing가 두 가지의 가능성(동명사, 현재분사)을 다 가지고 있으면 동명사로 먼저 두드려 보는 것이 훨씬 좋음.

Seeing	**is**	**believing.**
동명사가 주어로 쓰임	불완전자동사	동명사가 보어로 쓰임
동사가 명사가 되었으므로 '보는 것'이라고 해석	뒤에 온 보어가 명사이므로 '~이다'라고 해석	동사가 명사가 되었으므로 '믿는 것'이라고 해석

6. **Putting on his coat, he left the house.**

   Putting은 절대 동명사가 아님. 동명사가 되려면 명사의 역할을 해야 하고, 명사로 쓰이려면 반드시 주어, 보어, 목적어 자리로 가야 하고
   주어, 보어, 목적어로 쓰이려면 최소한 시제 변화로 쓰인 동사가 있어야 함. 근데 없음.
   Putting은 동명사로 쓰이지 않았기 때문에 현재분사.

7. 동명사가 아니면 현재분사
   등위접속사가 아니면 종속접속사

불규칙 3단 변화표

원형	과거	과거분사
be	was/were	been
bear	bore	born
beat	beat	beaten
become	became	become
begin	began	begun
bend	bent	bent
bet	bet	bet
bid	bid	bid
bind	bound	bound
bite	bit	bitten
bleed	bled	bled
blow	blew	blown
break	broke	broken
breed	bred	bred
bring	brought	brought
broadcast	broadcast	broadcast
build	built	built
burst	burst	burst
buy	bought	bought
cast	cast	cast
catch	caught	caught
choose	chose	chosen
cling	clung	clung
come	came	come
cost	cost	cost
creep	crept	crept

원형	과거	과거분사
cut	cut	cut
deal	dealt	dealt
dig	dug	dug
do	did	done
draw	drew	drawn
drink	drank	drunk
drive	drove	driven
eat	ate	eaten
fall	fell	fallen
feed	fed	fed
feel	felt	felt
fight	fought	fought
find	found	found
flee	fled	fled
fling	flung	flung
fly	flew/flied	flown/flied
forbid	forbade	forbidden
forecast	forecast	forecast
foretell	foretold	foretold
forget	forgot	forgotten
forgive	forgave	forgiven
freeze	froze	frozen
get	got	got(gotten)
give	gave	given
go	went	gone
grind	ground	ground
grow	grew	grown
hang	hung	hung
have	had	had

원형	과거	과거분사
hear	heard	heard
hide	hid	hidden
hit	hit	hit
hold	held	held
hurt	hurt	hurt
keep	kept	kept
kneel	knelt	knelt
know	knew	known
lay	laid	laid
lead	led	led
leave	left	left
lend	lent	lent
let	let	let
lie	lay	lain
light	lit	lit
lose	lost	lost
make	made	made
mean	meant	meant
meet	met	met
pay	paid	paid
put	put	put
quit	quit	quit
read	read	read
ride	rode	ridden
ring	rang	rung
rise	rose	risen
run	ran	run
say	said	said
see	saw	seen

원형	과거	과거분사
seek	sought	sought
sell	sold	sold
send	sent	sent
set	set	set
sew	sewed	sewn/sewed
shake	shook	shaken
shine	shone	shone
shoot	shot	shot
show	showed	shown/showed
shrink	shrank	shrunk
shut	shut	shut
sing	sang	sung
sink	sank	sunk
sit	sat	sat
sleep	slept	slept
slide	slid	slid
speak	spoke	spoken
spend	spent	spent
spit	spit/spat	spit/spat
split	split	split
spread	spread	spread
spring	sprang	sprung
stand	stood	stood
steal	stole	stolen
stick	stuck	stuck
sting	stung	stung
stink	stank	stunk
strike	struck	struck
swear	swore	sworn

원형	과거	과거분사
sweep	swept	swept
swim	swam	swum
swing	swung	swung
take	took	taken
teach	taught	taught
thrust	thrust	thrust
tear	tore	torn
tell	told	told
think	thought	thought
throw	threw	thrown
understand	understood	understood
upset	upset	upset
wake	woke	woken
wear	wore	worn
weep	wept	wept
win	won	won
withdraw	withdrew	withdrawn
write	wrote	written

* 동사는 동사원형 – 과거 – 과거분사 이렇게 3단 변화를 한다.
  진행형으로 쓰일 때 -ing가 붙지만 기본적으로는 3단 변화이다.

* 동사 하나당 10번씩 쓰지 않는다. 표를 통째로 10번씩 쓴다.

2 형용사의 일을 하는 분사

최근에 한인교회에서 주최하는 윤형주 님의 집회에 갔었어요. 제가 워낙 그분의 광팬이라 사실 그분에 대해서 모르는 것이 거의 없어요. 더구나 비슷한 집회에 십여 년 전에 한번 다녀온 적도 있어서 그 집회는 딱히 새로울 것이 없었어요. 그런데 제가 나이가 더 들어서인지 그분의 간증 비슷한 살아온 얘기가 더 절절하게 느껴지더라고요. 평생을 들어 온 노래인데도 라이브로 들으니 더 좋았고요.

학창 시절 수많은 팝송을 외웠고 그로 인해 영어를 잘하게 되었다는 그분의 얘기를 듣고 열심히 팝송 가사를 외우던 제 학창 시절도 덩달아 떠올랐어요. 생각해 보면 제가 영어를 더욱 좋아하게 된 데는 윤형주 님의 영향이 정말 커요.

집회가 끝나고 윤형주 님의 음반을 샀는데, 그 속에 'Bridge over troubled water'라는 노래가 있었어요. 팝송을 많이 알면 영어를 대단히 잘하게 될 거라는 부푼 꿈을 안고 열심히 외우던 노래 중의 하나지요.

누군가는 팝송만 잘하면 영어를 정복할 수 있다고도 했던 것 같아요. 그건 사실이 아니라고 생각해요. 팝송만 해선 영어를 정복할 수 없어요. 영어를 정복하기 위해서는 무조건의 양도 필요하고 가지가지 여러 가지가 필요하기도 하니까요. 그러나 팝송은 확실히 영어의 길을 여러

모로 편하고 즐겁게 갈 수 있도록 도와준다고 생각해요.

일단 가사에 연연해서 팝송을 듣다 보면 나도 모르게 영어 문장을 많이 외우게 되고요, 많이 흥얼거리다 보면 발음과도 친숙해질 수 있어요. 양을 채워야 하는 언어 공부에 있어서 팝송은 사전과 함께 또 하나의 도깨비 방망이라고 생각해요.

독서는 읽기뿐 아니라 듣기에도 도움을 주고 말하기에도 많은 영향을 준다고 말씀드렸어요. 그러나 역시 말하기를 위해서는 직접 말을 많이 해 보아야겠지요? 사정이 여의치 않으면 무조건 책을 소리 내어 읽는 것이 차선책이고요. 리듬이 있고 멜로디가 있는 팝송을 따라 부르는 것도 아주 좋은 방법이지요.

사이먼 앤 가펑클의 노래이기도 한 'Bridge over troubled water'를 통해서 분사를 복습해 보지요. 그 전에, 분사의 전반에 대해서 다시 짚고 넘어갈게요.

| 분사는 동사의 둔갑형의 하나로서 형용사의 일을 하고 있다

분사란 동사의 둔갑형 중 하나예요. 동사의 둔갑은 동사가 동사의 자리, 즉 주어 다음의 시제 변화 자리에 있지 못하고 다른 자리인 명사, 형용사, 부사의 자리로 가는 것이었어요. 세상의 모든 동사는 시제 변화 아니면 둔갑, 딱 두 가지로 쓰인다는 걸 다시 한 번 기억해 주세요.

동사의 자리, 즉 시제 변화의 자리에 가지 못한 동사는 to부정사, 동명사, 분사로 둔갑을 하여 명사, 형용사, 부사로 쓰인다고 했어요. 그중에서도 분사는 형용사의 자리로 간다고 배웠고요. 정리를 하면 분사는 동사의 둔갑형의 하나로서 형용사 일을 하고 있어요.

| 현재분사, 과거분사 둘 다 형용사의 역할을 한다

분사에는 두 가지가 있어요. 현재분사와 과거분사. 분사는 그 자체로도 둔갑형이라 골치 아픈데 종류가 두 가지로 나뉘어서 더욱 우리를 힘들게 한답니다. 분사는 절대 쉽지 않다고 틈만 나면 말씀드렸어요. 그러나 분사가 해결되면 영어가 얼마나 가깝게 느껴지는지 몰라요. 고급 영어로 가는 지름길도 분사가 책임진다고 할 수 있지요.
 암튼 두 가지의 형태를 가지면서 속을 썩이는 분사는 형용사 일을 한다는 공통점이 있어요. 즉, 현재분사로 쓰이건 과거분사로 쓰이건 형용사의 일, 즉 명사를 꾸미는 일을 하는 거지요.

| 현재분사와 동명사는 같은 형태이다

현재분사는 동사원형에 ing를 붙인 모양을 하고 있어요. 불규칙도 거의 없어서 만들기가 간단하지요. 그러나 현재분사는 동명사와 같은 모양을 하고 있어요. 즉 문장 안에서 -ing를 만나면 동명사인지 현재분사인지 판단을 해야 하는 수고로움이 있어요. 그다지 어렵지 않아요. 동명사의 여부는 금방 판가름이 나고요, 동명사가 아니면 현재분사라고 부를 거예요.
 정리하면 현재분사는 동사원형에 ing를 붙인 형태고요. 동명사와 같은 모양을 하고 있고 동명사의 여부를 밝히면서 현재분사의 여부도 판가름이 날 거예요. 동명사가 아니면 현재분사, 라는 식으로요.

| 현재분사를 어떻게 찾을까?

예를 들어 볼게요.

- I like swimming.

여기서 swimming은 동명사 아니면 현재분사겠지요? -ing가 있으니까요. 일단 문장 분석을 해 보면 I는 주어고요. like는 동사예요. '나는 좋아한다'로 해석이 되겠지요? 목적어가 필요한 문장인데 뒤에 swimming이라는 동사가 왔어요. swimming은 시제 변화로 쓰이지 않았으므로 당연히 둔갑형인데 -ing를 쓰는 둔갑형은 동명사와 현재분사 두 가지예요.

동명사는 명사 역할을 하는 동사이므로 주어, 보어, 목적어 자리에 갈 수 있어요. 여기서는 목적어 자리에서 '수영하는 것'이라고 쓰였어요.

I like swimming
주어 동사 목적어. 동명사

다음의 문장을 볼까요?

- Watching me closely, the dog came to me.

위 문장의 Watching은 뭘까요? ing가 붙었으니 동명사나 현재분사 둘 중 하나겠지요. 일단 동명사의 여부를 타진해 보는 게 순서예요. 동명사의 여부를 타진한다는 것은 Watching이 명사로 쓰였는지 알아본다는 것이므로 주어나 보어, 목적어 자리에 쓰였는지 봐야겠지요?
　첫째, 주어로 쓰이지 않았어요. Watching이 주어가 되려면 뒤에 시제 변화 동사가 있어야 하는데 없어요.
　둘째, 보어로 쓰이지도 않았어요. Watching이 보어가 되려면 불완전자동사가 앞에 있어야 하는데 없어요.
　셋째, 목적어로도 쓰이지 않았어요. Watching이 목적어가 되려면 앞에 타동사가 있어야 하는데 없어요.
　그럼 Watching은 뭘까요? 당연히 현재분사예요. -ing는 동명사이거나 현재분사인데 동명사가 아니므로 현재분사예요. 까만 콩, 하얀 콩의 원리예요.

| 동명사가 아니면 현재분사이다

　저는 편의상 Watching이 동명사가 아닌 이유를 구구절절하게 말씀드렸지만 사실 동명사의 여부는 쉽사리 느낌이 와요. -ing가 동명사려면 대부분 I like swimming처럼 문장 속의 동사가 명쾌하게 눈에 보이거든요. 동명사가 아니면 현재분사! 꼭 기억해 주세요.

| 과거분사의 형태

　과거분사는 원칙적으로 -ed가 붙어요. 그런데 과거분사는 현재분사와는 달리 불규칙이 좀 있고요. 우리는 3단 변화표를 통해서 과거분사의 불규칙을 익혔어요.

■ bridge over troubled water

이건 노래 제목이고 주어, 동사가 있는 문장은 아니에요. 그래도 굳이 분석을 해 보면 일단 over troubled water는 전치사구로 버릴 거예요. 그럼 '다리'라는 뜻의 bridge만 남겠지요? 뒤의 over troubled water는 다리는 다린데 어떤 다리인지를 말해 주고 있어요.

다시 over troubled water를 살펴보면 over는 전치사고요, '~위의, ~건너의'라는 뜻을 가지고 있어요. over는 전치사이므로 반드시 명사와 함께 쓰이는데 water가 그 역할을 하고 있어요.

그럼 troubled는 뭘까요?

문장 분석을 하다가 가장 긴장해야 하는 순간 중 하나가 -ing와 -ed를 만났을 때랍니다. -ing와 -ed를 만났을 때 어떻게 이름을 부를 것인지 머릿속에 그림이 이미 있어야 문제를 제대로 해결할 수 있어요.

-ed의 이름은 어떻게 부를까요? -ed는 과거분사, 과거동사의 두 가지 가능성을 가지고 있어요. 그러니까 문장 안에서 -ed를 만나면 무조건 과거동사이거나 과거분사인 거지요.

여기서도 과거분사는 과거분사라는 확신이 있어서라기보다는 일단 과거동사가 아니면 과거분사다!로 시작할 거예요. 동명사를 찾는 일만큼이나 과거동사를 찾는 일도 쉬우니까요.

예를 들어 우리가 분석하려는 troubled water에서 troubled는 당연히 과거분사예요. 왜냐! troubled는 절대 과거동사가 될 수 없거든요. 과거동사로 쓰이려면 앞에 주어가 있어야 하는데 없잖아요.

Watching과 troubled를 정확하게 이해하고 해석하기 위해서 일단은 이름 부르는 법을 다시 한 번 복습해 보았어요. 즉 Watching과

troubled는 각각 현재분사, 과거분사인데 동명사와 과거동사를 엮어서 까만 콩 아니면 하얀 콩 식의 이름 부르기를 하기로 했지요.

 문장 속에서 -ing나 -ed가 나왔을 때 어떻게 이름을 부를 것인지 다시 한 번 마음의 준비를 해 주세요. 한 번 더 말씀드리지만 우리는 공식대로 분석할 거예요. 감으로 하지 않아요. 무조건 원칙을 만들어 놓고 그대로 갈 거예요. 처음엔 지루하고 답답해 보일 수도 있지만 익숙해지기만 하면 호박이 넝쿨째 굴러 들어오는 걸 느낄 거예요.

분사

20번 쓰기

1. 동사는 무조건 두 가지로 쓰인다 : 시제 변화, 둔갑

2. 시제 변화는 주어 뒤에 쓰이고 둔갑은 명사, 형용사, 부사 자리에 쓰인다.

3. 둔갑의 세 가지 형태 : to부정사, 동명사, 분사

4. to부정사(to + 동사원형)의 역할 : 명사, 형용사, 부사

5. 동명사(-ing)의 역할 : 명사

6. 분사의 역할 : 형용사

7. 분사 : 현재분사 -ing, 과거분사 -ed

8. 문장 안에서 -ing를 만나면 동명사 아니면 현재분사.

9. 문장 안에서 -ed를 만나면 과거동사 아니면 과거분사.

10. Watching me closely에서 Watching이 현재분사인 이유 :
    동명사가 아니므로 → 명사, 즉 주어, 보어, 목적어로 쓰이지 않았으므로.

11. bridge over troubled water에서 troubled가 과거분사인 이유 :
    과거동사가 아니므로 → 주어가 없으므로.

형용사 (10번 쓰기)

1. 형용사가 하는 일 : 명사 꾸밈(수식)

2. 형용사의 세 가지 형태 : 단어, 구, 절

3. 형용사의 두 가지 용법 : 한정적 용법, 서술적 용법

4. 형용사의 한정적 용법의 예 – big house

5. 형용사의 서술적 용법의 예 – The house is big.

6. 형용사가 보어 자리에 쓰이면 서술적 용법

7. 형용사의 일을 하는 둔갑형 : to부정사, 분사

3 현재분사는 능동, 과거분사는 수동

분사에 제가 얼마나 공을 들이고 있는지 여러분들께서 꼭 알아줬으면 해요. 분사에서 자유로우면 영어가 정말 가벼워진답니다. 영어는 아니, 어학은 양이 중요한 분야지만 영어의 분사만큼은 이해가 대단히 중요한 분야예요.

앞에서 각각 현재분사, 과거분사로 이름이 결정 난 Watching과 troubled를 본격적으로 해석해 볼까요?

troubled를 자연스럽게 해석하기 위해서 원래 문장을 가져와 볼게요.

- bridge over troubled water

엄밀히 말해서 이건 절은 아니에요. 노래 제목이라 크게 상관없어요.

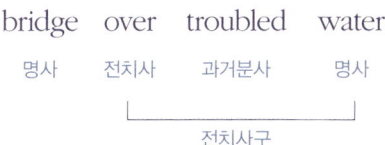

일단 간단하게 문장 분석을 해 보았어요. 이제 뜻을 볼까요?

bridge   over   troubled   water
다리   ~위에   ?   물

troubled가 과거분사라는 것까지는 알겠는데 막상 해석을 하려니 좀 막막해요. 어떻게 하지요?
　troubled가 과거분사이고 형용사 일을 한다는 것까지는 명확하지요? 그런데 여기서 짚고 가야 할 또 하나의 중요한 사실이 있어요. 형용사 일을 하는 분사에는 현재분사와 과거분사가 있잖아요. 그런데 그 둘은 각각의 고유한 역할이 있어요. 현재분사와 과거분사는 둘 다 형용사 일을 하지만 현재분사는 능동의 의미를 가지고, 과거분사는 수동의 의미를 가진다는 거예요.
　쉬운 예를 들면 sleeping baby는 '자는 아기'라고 해석해요. sleeping은 baby를 꾸미는 형용사 일을 하는 현재분사로 능동의 의미를 가져요. baby가 sleep하는 거지요. 그래서 '자는 아기'라고 해석을 해요.
　그런데 baked potato에서는 baked가 수동의 의미로 쓰여요. potato가 bake하는(굽는) 게 하니라, 누군가가 potato를 bake하는(굽는) 거지요. 그래서 '구워진 감자'라고 해석을 해야 해요. baked가 과거분사로서 형용사 일을 하고 있어요.

　자, 이제 형용사 일을 하는 분사는 각각 능동과 수동의 일을 나누어서 한다는 걸 알았어요. 그럼 troubled로 다시 돌아가 볼까요? troubled water를 보면 troubled는 water라는 명사를 꾸미는 형용사로 쓰이고 있어요. 좀 더 자세히 말하면 명사의 앞이나 뒤에 붙어 꾸미는 한정적 용법의 형용사예요. 그런데 과거분사이므로 수동의 의미를 가지겠지요.

trouble은 '고생, 시끄러운 일, 분쟁' 등의 명사로도 쓰이지만 '괴롭히다, 어지럽히다, 폐를 끼치다' 같은 동사로도 쓰여요. troubled는 동사에서 온 것이 틀림없어요. 명사에는 ed를 붙일 수가 없으니까요.

동사에서 온 troubled는 water라는 명사를 꾸미면서 수동의 의미를 가진 과거분사예요.

해석을 해 보면 troubled water는 괴롭혀진 물, 어지럽혀진 물 정도가 되겠어요. 좀 어색하지요? 직역이라서 그래요. 이건 노래 제목이라 좀 시적이거든요. 한국에서는 water를 세상으로 의역하고 troubled는 '험한'이라고 써서 '험한 세상'으로 해석하고 있어요.

하다 만 해석표를 완성해 볼까요?

bridge	over	troubled	water
다리	~위에	어지럽혀진 (험한)	물 (세상)

직역을 하면 '어지럽혀진 물 위의 다리'고요, 의역을 해서 자연스럽게 혹은 시적으로 표현하면 '험한 세상의 다리'가 되겠어요.

정리를 해 보면 troubled는 ed가 붙었으므로 과거동사나 과거분사의 가능성을 지닌 단어인데 절대 과거동사가 될 수 없어요. 얘가 과거동사가 되려면 주어가 필요한데 눈을 씻고 찾아보아도 없어요. 주어가 없으므로 과거동사가 절대 될 수 없는 troubled는 과거분사일 수밖에 없어요. 과거분사는 형용사의 일을 하므로 명사를 꾸며야 하는데 바로 뒤에 water가 있어요. 그래서 troubled는 water를 바로 앞에서 꾸미는 한정적 용법의 형용사 일을 한 거예요.

그런데 여기서 과거분사는 형용사 일을 할 때 수동의 의미를 가지니

troubled를 '어지럽혀진'으로 보고 물을 더해서 '어지럽혀진 물'로 직역을 할 수 있어요. 의역으로는 '험한 세상'으로 표현하고 있어요.

현재분사와 과거분사 (10번 쓰기)

1. 분사가 형용사 일을 할 때 현재분사면 능동의 의미, 과거분사면 수동의 의미.

2. 형용사가 명사의 바로 앞이나 뒤에서 꾸미면 한정적 용법.
   형용사가 보어 자리에서 꾸미면 서술적 용법.

3. **bridge over troubled water**
   - troubled는 water를 앞에서 꾸미는 한정적 용법의 과거분사로 수동의 의미를 가짐.
   - troubled water는 어지럽혀진 물, 의역하면 험한 세상.

4 분사구문

■ Watching me closely, the dog came to me.

이 문장을 분석해 볼까요? 문장 초반에 우리가 사랑하는 -ing가 떡 하니 나왔어요. ing가 눈에 들어온 순간 애는 동명사 아니면 현재분사 라는 것도 머릿속에 같이 떠올라야 한답니다. 이제 다음 단계로 가야지요?

다음 단계는 동명사인지 여부를 따지는 일이에요. 즉, -ing는 동명사이거나 현재분사인데 먼저 동명사의 여부를 따지는 게 훨씬 쉬우므로 동명사인지를 판단해서 현재분사의 여부까지 정할 거예요. 까만 콩이 아니면 하얀 콩이듯이 동명사가 아니면 현재분사가 되는 원리지요.

앞에서 Watching me closely에서 Watching은 현재분사라는 결론을 냈어요. 현재분사라는 얘기는 Watching이 형용사의 일을 한다는 거예요. 분사는 형용사의 일을 하고 현재분사는 능동의 의미, 과거분사는 수동의 의미를 갖는다는 것 기억하지요? 그리고 또 형용사는 한정적 용법, 서술적 용법의 두 가지로 구분할 수 있었어요.

이제 Watching이 어떤 식의 형용사 일을 하는지 볼까요? 먼저 한정적 용법으로 쓰였는지를 볼게요.

한정적 용법으로 쓰이려면 앞이나 뒤에 꾸밈을 받는 명사가 있어야 하는데 없어요. 뒤에 me라는 대명사가 있는데 얘는 목적어예요. 그리고 대명사는 한정적 용법으로 꾸밀 수(수식받을 수) 없어요. 그러니 한정적 용법으로 쓰이지 않았어요.

서술적 용법의 형용사 일도 하지 않아요. Watching이 서술적 용법의 형용사로 쓰이려면 보어 자리에 있어야 하는데 불완전자동사가 보이지 않아요.

어라? 이상하네요. Watching은 분명 동명사가 아니고 현재분사인데 왜 형용사 일을 하지 않지요? 자, 여기서 분사구문이 등장을 한답니다. 새로운 원칙이 생겼어요.

-ing나 -ed를 만났을 때 각각 동명사나 과거동사가 아니기 때문에 현재분사, 과거분사라는 결론이 났는데 -ing나 -ed가 형용사 일(한정적 용법, 서술적 용법)을 하지 않을 수도 있다. 이때는 분사구문으로 쓰인 경우이다.

분사구문은 정말 쉽지 않지만 모든 것은 다 숙제로 해결할 거예요. 모든 걱정을 내려놓고 무조건 써 주세요.

분사구문 (20번 쓰기)

-ing나 -ed를 만났을 때 각각 동명사나 과거동사가 아니기 때문에 현재분사, 과거분사라는 결론이 났는데 -ing나 -ed가 형용사 일(한정적 용법, 서술적 용법)을 하지 않을 수도 있다.

이때는 분사구문으로 쓰인 경우이다.

5 분사구문을 부사절로 바꾸기

Watching me closely는 분사구문이라는 결론이 났어요. 그럼 분사구문은 뭘까요? 분사구문은 분사로 만든 구문이랍니다. 너무 쉽지요. 그럼 분사는 뭐고 구문은 뭐지요?

분사 - 동사의 둔갑형의 하나로 형용사 일을 하는 것.
구문 - 두 개 이상의 단어가 모여서 하나의 뜻을 형성하는 것.

분사구문은 부사절에서 출발을 한다고 볼 수 있어요. 예를 들어 볼 게요.

If you turn to the right, you will see the kitchen.
　　주어 동사　　　　　　 주어　 동사

위의 문장은 절과 절이 만난 경우예요. 주어, 동사가 각각 하나씩 있어요. 절과 절이 만나는 경우에는 반드시 접속사가 필요하다고 말씀드렸지요. 접속사는 어디에 있을까요? 바로 If가 접속사랍니다. 여기서 우리는 접속사가 반드시 중간에 있지는 않다는 것을 알 수 있어요.

그런데 If는 무슨 접속사일까요? 일단 등위접속사는 아니지요. and, or, but, so, for, nor, yet이 아니니까요. 등위접속사가 아니면 무조건 종속접속사이므로 If는 종속접속사예요. 종속접속사는 종속절을 이끌고 종속절에는 명사절, 형용사절, 부사절이 있어요. 그런데 If는 '만약에 ~한다면'이라는 뜻을 가진, 조건을 나타내는 접속사예요. 조건은 부사절과 연결이 되겠지요? 즉, If는 조건을 나타내는 부사절을 이끄는 종속접속사가 되겠어요.

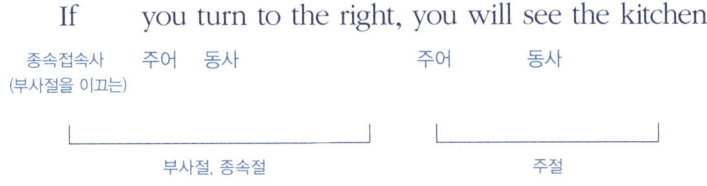

절과 절이 만났고, 접속사가 있으며 그 접속사가 종속절을 이끌므로 주절도 당연히 있다는 게 이해가 되지요? 다시 전부 분석을 해 볼게요.

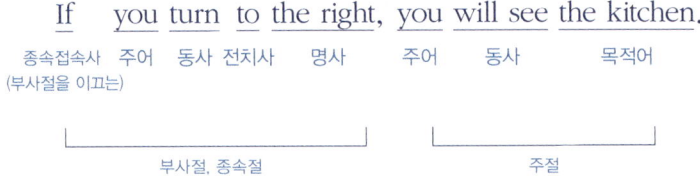

위 문장의 두 절의 주어는 같아요. 한국말로 해석을 하자면 '네가 오른쪽으로 돌면 너는 부엌을 볼 것이다'가 되는데 you가 겹치는 거지요. 우리말은 이런 경우 주어를 굳이 반복하지 않아요. 우리말은 주어가 생략이 되어도 상관이 없는 언어라 그냥 하나를 빼기만 하면 돼요. '네가 오른쪽으로 돌면 부엌을 볼 것이다'도 좋고 아예 주어를 없애고 말을 해도 상관이 없어요. '오른쪽으로 돌면 부엌을 볼 것이다'처럼요.

그러나 영어는 얘기가 다르답니다. 영어는 주어가 꼭 필요한 언어에요. 너도 알고 나도 알고 하늘과 땅이 다 알아도 원칙적으로 생략을 할 수가 없어요. 절에는 반드시 주어가 있어야 해요. 그런데 만일 너도 알고 나도 알고 하늘과 땅이 다 아는 주어라 생략을 하고 싶다면? 굳이 꼭 쓰지 않아도 말이 통한다면 없애되 막 없애는 것이 아니고 반드시 일정한 형식을 따라야 하는 거지요.

If you turn to the right, you will see the kitchen에서 you가 중복이 되니 사실 하나가 빠져도 얘기가 통하는 데는 문제가 없어요. 그렇다고 해서 임의로 you를 하나 빼서 If you turn to the right, will see the kitchen으로 만들면 안 돼요. 영어 문법에서는 이렇게 만드는 걸 허락하지 않아요.

그럼 앞의 you를 빼 볼까요?

→ If turn to the right, you will see the kitchen.

오, 노 노 노 노! 위의 문장도 영어 문법이 허락하지 않아요.

정리를 해 보자면 두 개의 절이 있어요. 두 개의 절 안에는 똑같은 주어가 있어요. 하나는 생략해도 말이 통해요. 그래서 빼 보았어요. 그런데 딱 봐도 이건 정말 아니다 싶어요. 주어, 동사가 목숨처럼 붙어 다니는 절의 형태에 익숙해진 우리는 주어가 빠지고 동사만 하나 달랑 남은 문장이 절대 편안하지 않아요. 사실 편안하고 않고를 떠나서 이건 영어 문법이 허락하지 않는 엄연히 틀린 문장이에요. 영어에서는 명령형의 문장에서만 주어를 안 쓰고, 그밖의 모든 절에서는 주어를 반드시 써야 해요.

그럼 반복이 되지만 결국 하나를 뺄 수 없는 걸까요? 답이 있어요. 그 답은 분사구문이랍니다. 세상에 답이 없는 문제는 없다니까요.

두 개의 절이 있고 똑같은 두 개의 주어가 있어서 하나를 생략을 해도 뜻에는 상관이 없겠다 싶은 경우. 네, 그런 경우에 분사구문이 탄생을 한답니다. 즉, 분사구문은 주어, 동사의 형태를 고수해야 하는 절에서 주어를 빼고 싶으면 절이라는 형식을 포기하고 주어를 생략하는 거예요.

이때 우리가 알아 두어야 할 것이 있어요.

① 아무 주어나 버리는 것이 아니라 반드시 종속절의 주어를 버린다.
② 주어를 버릴 때 접속사도 같이 버린다.
③ 주어와 짝이 되었던 동사는 현재분사로 바꾼다.

자, 그럼 원칙에 따라 절의 형식을 포기하고 주어를 하나 버려 볼까요.

~~If~~ ~~you~~ turn to the right, you will see the kitchen.
접속사 주어 주어와 짝이 되었던 동사는
버림 버림 현재분사로 바꿈

이제 정리를 해서 다시 써 볼게요.

→ Turning to the right, you will see the kitchen.

접속사를 버리고 주어도 버리고 주어와 짝이 되었던 동사는 현재분사로 바꾸어 위의 문장이 되었어요. 간단하지요? 이게 바로 분사구문이에요. 그러니까 분사구문은 두 개의 절에 동일한 주어가 있을 경우 하나를 생략하고 싶을 때 그냥 주어 하나를 버릴 수는 없으므로 절의 형식을 포기하면서 접속사와 주어를 버리고 동사를 분사로 바꾸어 구의 형식으로 만든 거예요. 사실 절을 분사구문으로 바꾸는 일은 보다시피 간단해요. 문제는 우리가 문장 안에서 분사구문을 만났을 때 분사구문이라는 이름을 주고 분사구문을 원래의 절로 바꾸는 과정이 쉽지 않은 거지요.

딱히 어렵지 않은 이 과정이 실제 문장들 안에서는 절대 쉽지 않으므로 지속적으로 분사구문에 대해서 준비를 하고 있는 것이 정말 중요해요.

예를 들어 Turning to the right, you will see the kitchen을 문장 안에서 만났다면 명쾌하게 해석하는 일이 쉽지 않아요. 그런데 이 문장의 원래 출발점이 If you turn to the right, you will see the kitchen이라는 것을 안다면 해석이 어려울 이유가 없겠지요?

Turning to the right, you will see the kitchen을 문장 안에서 만났고, Turning은 동명사가 아니라 현재분사이며 현재분사지만 꾸며 줄 명사가 없고 보어 자리가 아니므로 형용사의 한정적 용법, 서술적 용법 둘 중의 어느 것도 아니라는 결론이 나서 분사구문이라고 정했다면 그다음 과정은 원래의 절로 바꿔 보는 거랍니다.

바꾸어 볼까요. 우선 원칙을 말씀드리면 먼저 접속사를 살려야겠지요. 분사구문을 원래의 절로 바꾸는 과정에서 접속사는 일단 as로 해 주세요. 그리고 주어를 살리는 거예요. 이때 주어는 주절의 주어와 동일하게 해야겠지요. 원래 주어가 같아서 하나를 없애려고 분사구문을 만들었으니 주어를 같이 해서 살리는 거예요. 그리고 마지막으로 분사를 원래의 시제 동사로 바꾸어 주세요.

접속사 살리고

주어 살리고

분사는 원래의 시제 동사로 바꾼다.

자, 본격적으로 바꿔 보자고요.

As **you** turn to the right, you will see the kitchen.
접속사를   주절의 주어와   분사는 동사의 시제로
살리고   동일하게 살리고   바꿈

원래의 문장은 If you turn to the right, you will see the kitchen 이었는데 우리가 바꾼 문장에는 If 대신 As가 있네요. 숙제를 해 봐서 알겠지만 종속접속사의 종류는 정말 많고요, 그중에서 부사절을 이끄는 종속접속사도 정말 많아요. 그래서 분사구문을 원래의 부사절로 바꾸는 과정에서 접속사를 살리는 일이 그리 쉽지는 않아요. 그런데 as는 뜻이 워낙 많아서 as로 바꾸어 놓고 해석을 해 보면 그리 부자연스럽지 않답니다. 그래서 우리는 일단 무조건 as로 바꾸려고 해요.

Watching me closely, the dog came to me로 돌아와 볼까요. 일단 분사구문이라는 결론은 났어요. 정확한 해석을 위해서 원래의 부사절로 바꾸는 것이 필요하겠지요. 분사구문을 원래의 절로 바꾸는 과정을 다시 살펴보면 '접속사 살리고, 주어 살리고, 분사는 시제 동사로 바꾼다'였어요. 해 볼까요?

<u>As</u>　<u>the dog</u>　<u>watched</u>　me closely, the dog came to me.
as를 넣어　　주절의　　　분사는
접속사　　주어와 동일하게　동사의 시제로
살리고　　　살리고　　　　바꿈

어떤가요? 분사구문일 때보다 훨씬 편안하게 보이지요.
　문장 안에서 만나면 수시로 골머리를 썩게 했던 웬수 같은 분사구문이 부사절로 바꾸기만 하면 사실 별것도 아니므로 분사구문을 부사절로 바꾸는 습관을 만드는 게 정말 중요하답니다.
　분사구문은 공부했다시피 부사절로 바꾸는 것이 가능하므로 작문을 할 때 피해 갈 수는 있어요. 어렵다 싶으면 안 쓰면 되니까요. 하지만 분사구문을 자유자재로 구사하는 작문은 아름답기 그지없지요. 거짓말 조금 보태서 분사구문만 잘 써도 문장이 순식간에 고급 문장이 되기도 하거든요. 어쨌든 분사구문은 해석에 있어서 절대 필요하므로 작문에서는 피해 갈 수 있어도 해석에서는 피해 갈 수가 없으니 목숨을 걸어 주세요.

분사구문과 부사절

1. 분사구문은 분사로 만든 구문

    분사 – 동사의 둔갑형의 하나로 형용사 일을 하는 것.

    구문 – 두 개 이상의 단어가 모여서 하나의 뜻을 형성하는 것.

2. 부사절을 분사구문으로 만들기

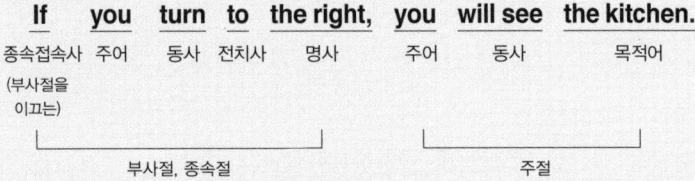

    네가 오른쪽으로 돌면, 너는 부엌을 볼 것이다.

    ① 두 절의 주어는 같음. you가 겹침.

    그러나 원칙적으로 영어는 주어를 생략할 수 없음.

    명령형에서만 주어를 안 씀.

    절에는 반드시 주어가 있어야 함.

    ② 두 개의 절이 있고 똑같은 두 개의 주어가 있어서 하나는 생략을 해도 뜻은 변하지 않겠다 싶은 경우, 분사구문이 탄생.

    주어, 동사의 형태를 고수해야 하는 절에서 주어를 빼고 싶을 때 절이라는 형식을 포기하고 주어를 생략하여 분사구문 형태를 만듦.

③ 반복되는 you를 빼기 위해 절의 형식을 버린다.
- 아무 주어나 버리는 것이 아니라 반드시 종속절의 주어를 버린다.
- 주어를 버릴 때 접속사도 같이 버린다.
- 주어와 짝이 되었던 동사는 현재분사로 바꾼다.

If   you   turn   to the right, you will see the kitchen.
접속사 주어   주어와 짝이 되었던 동사는
버림   버림   현재분사로 바꿈

→ **Turning to the right, you will see the kitchen.**

Turning은 동명사가 아니라 현재분사이며, 현재분사지만 꾸며 줄 명사가 없음. 보어 자리도 아니므로 형용사의 한정적 용법, 서술적 용법 둘 중의 어느 것도 아님. 분사구문에 쓰인 현재분사.

3. 분사구문을 원래의 절로 바꾸기

Turning to the right, you will see the kitchen.

→ **As   you   turn**   to the right, you will see the kitchen.
접속사를   주절의 주어와   분사는 동사의
살림   동일하게 살림   시제로 바꿈

종속접속사의 종류는 정말 많고, 그중에서 부사절을 이끄는 종속접속사도 정말 많음.
그런데 as는 뜻이 워낙 많으니 일단 as로 바꿈.

Watching me closely, the dog came to me.

→ **As   the dog   watched**   me closely, the dog came to me.
접속사를   주절의 주어와   분사는 동사의
살림   동일하게 살림   시제로 바꿈

Chapter 3
동사의 성질과 둔갑

1. 동사의 기본 성질

문법의 끝은 뭐니 뭐니 해도 동사겠지요? 동사는 영어뿐 아니라 모든 언어 문법의 핵심이랍니다. 동사만 잘 잡으면 나머지 문법은 설렁설렁 따라오는 편이에요.
라틴어 계통 언어들의 동사는 인칭별로 때로는 성별로 다양하게 변화를 해요. 숨이 차지요. 거기다가 접속법이라는 문법까지 있어서 외워야 할 동사의 패턴이 그야말로 산더미랍니다. 얘네들은 이해가 문제가 아니라 시간을 들여서 머리를 쥐어뜯어 가면서 무작정 외워야 해요.
그런 것들에 비하면 영어의 동사는 정말 착한 애들이랍니다.

1 영어 문법 전체를 보는 눈

 영어가 딱히 어려운 언어가 아니라는 얘기는 사실 다분히 주관적이긴 해요. 영어와 가지가 비슷한 언어들을 사용하는 사람들의 입장에서는 정말 영어가 부담이 없을 거예요. 영어는 복잡한 규칙 같은 것이 별로 없으니까요. 영어와 가지가 비슷한 언어들 중에서 영어가 가장 간결한 문법을 가지고 있어요.
 그런데 이토록 간단해서 어려운 언어 축에 절대로 끼지도 못하는 영어가 우리에게 오면 얘기가 달라져요.
 영어가 간단하고 부담이 없다고 느끼는 건 영어와 뼈대가 같은 언어를 사용하는 사람들의 얘기예요. 즉, 주어 다음에 동사를 쓰고, be동사를 가지고 진행형을 만들고 have 동사로 완료형을 만드는 등 여러 개의 동사로 시제를 표현하고, 동사의 둔갑형과 비슷한 용법을 가지며, 관계대명사를 사용하고, 분사구문의 형태를 가지고 있고… 등등.
 우리의 언어 체계는 영어의 기본적인 언어 체계와 아주 달라요. 집을 가지고 비유를 하자면 영어가 쉽다고 하는 사람들은 보수공사를 하는 것이고요, 우리는 아예 처음부터 땅을 파 가면서 집을 새로 짓는 거나 마찬가지예요. 그러니 우리 입장에서는 영어가 아무리 간단한 집이라고 해도 차마 간단하다고 말을 할 수가 없는 거지요. 처음부터 설계도를 들고 막막한 상태에서 고단하게 가야 하는 길이니까요. 이미 골격이 잡혀 있는 집을 여기저기 보수하는 것과 비교 자체를 할 수가 없어요.

그래도 영어가 간단한 문법을 가진 언어라는 건 부인할 수가 없어요. 도대체 영어의 문법이 어째서 그리 간단하다고 하는 것인지 동사만 가지고 얘기를 해 볼까요?

1. 영어는 일단 인칭에 상관없이 동사가 일정해요. I에도 go, they에도 go를 써요. 3인칭에서 s를 붙이는 정도는 애교로 봐야 해요.
2. You speak English를 써 봐서 알겠지만 시제가 몇 가지의 기본만으로 대단히 수학적이고 기계적으로 돌아가요.
3. 동사의 둔갑 형태도 아주 수학적으로 딱딱 맞아 돌아가요. 몇 가지 공식만 달달 외우고 있으면 다 맞아떨어져요.

모든 언어 문법의 핵심이라고 볼 수 있는 동사에서 영어는 You speak English를 열나게 쓰고 동사의 둔갑형만 제대로 이해하면 땡인 셈이랍니다.

격에 따라 이런저런 변화를 하는 언어들도 상당히 많은데 영어는 심지어 그것도 없어요. 영어는 명사가 거의 변화를 하지 않아요. 명사까지 변화를 하는 언어들은 정말 머리 아프거든요.

정리를 하자면 영어의 문법은 대단히 간단하지만 우리말과 근본이 달라 우리 입장에서는 고단할 수밖에 없어요. 그래도 간단한 문법이라니 일단 만세를 부르고 그 간단한 문법을 간단하게 보는 눈을 길러야 해요.

알고 보면 정말 간단한 구조를 가진 언어인데 근본이 다르다 보니 우왕좌왕하다가 숲을 보지 못하고 나무들에 치이고 치이다가 상처만 받고 "아아, 미로 같은 영어여!" 외치며 돌아서는 분들을 많이 보았어요.

전체를 보는 눈이 필요해요. 전체를 이해하고 파고 들어가면 즐겁기까지 한 문법 공부인 것을 나무만 들입다 파다 가는 지옥이 따로 없어요.

1. 영어는 명사 변화가 없는 언어예요. 만세! 대신 자리가 중요해요. 자리에 따라 격이 정해져요. 즉 주어인지, 보어인지, 목적어인지는 명사 자체로 알 수 있는 것이 아니고 자리에 따라 알 수 있어요.
2. 영어는 시제 변화가 대단히 수학적이고 간단한 언어예요. You speak English만 쓰면 돼요. 만세!
3. 영어는 둔갑형도 공식에 의해 친절하게 돌아가요. 둔갑형의 형태를 찾아 그것이 어떻게 명사, 형용사, 부사 일을 하는지 명사, 형용사, 부사 일을 하면서도 본래의 모습인 동사의 성질을 어떻게 나타내는지 외워 두면 끝이에요. 만세!
4. 영어는 절과 절도 대단히 명쾌하게 만나요. 등위접속사와 종속접속사의 이해가 필요해요. 이것만 제대로 알면 긴 문장도 우스워요. 만세!

결국,
1. 격 변화가 거의 없는 영어는 명사 때문에 속 썩을 일이 없고요.
2. 동사는 You speak English로 시제 변화를 해결하고요.
3. 둔갑형은 to부정사, 동명사, 분사를 명사, 형용사, 부사의 용법으로 대입시키고 to부정사, 동명사, 분사가 동사 자리에 있지 않으면서도 동사의 일을 어떻게 하는지 잘 살피고요.
4. 등위접속사, 종속접속사의 개념으로 절만 잘 분리하면 되는 거였

어요.

문법은 충분한 단어 실력과 독해 연습이 따라 주어야 쑥쑥 크는 분야예요. 단어와 독해 없이 문법은 절대 해결 나지 않아요.

> 첫째, 명사가 문장 안에서 어떤 격으로 쓰였는지 자리에 따라서 확인하고 (5형식)
> 둘째, You speak English를 기준으로 시제를 이해하고 (12시제, 수동태, 조동사, 의문문, 부정문)
> 셋째, 둔갑형의 의미를 이해하고 (동사가 동사의 자리에 있지 않고 다른 자리로 가서 to부정사, 동명사, 분사가 되어 명사, 형용사, 부사로 쓰이는 것)
> 넷째, 동사가 둔갑을 해도, 출신이 동사라 동사의 성질을 그대로 지니게 되는데 동사의 자리가 아닌 곳에서 동사의 성질을 나타내는 것에 약간의 주의를 기울이고
> 다섯째, 나란히 만나서 부담이 없는 등위접속과는 달리 주절과 종속절로 만나는 종속접속은 약간의 부담이 있으나 종속절에 명사절, 형용사절, 부사절의 이름을 제대로 주기만 하면 간단히 해결 남.

영어 문법의 큰 그림이 좀 그려지나요? 그동안 제 숙제를 많이 한 분들은 아주 명쾌하게 느껴질 것이고 숙제를 하기 시작한 분들은 큰 그림을 그리는 데 도움이 됐을 거예요.

문법의 지존이 되려면 전체를 보는 눈이 필요해요. 꼭 필요해요. 전체를 보는 능력이 있는 상태에서 세세한 것들을 풀어 나가는 습관을 들여야 문법에서 자유로워질 수 있답니다. 전체를 보는 눈을 키우기 위해서 우리는 계속 영어를 이렇게도 바라보고 저렇게도 바라보면서 다양하게 살펴볼 거예요. 전체를 보는 눈을 키우는 훈련도 정말 재밌는 일이에요.

영어 멀리서 보기 〔3번 쓰기〕

1. 영어는 명사의 변화가 없는 언어.

   대신 자리가 중요.

   자리에 따라 격이 정해짐.

   즉 주어인지, 보어인지, 목적어인지는 명사 자체로 알 수 없고 자리에 따라 알 수 있음.

2. 영어는 시제 변화가 대단히 수학적이고 간단한 언어.

   You speak English만 쓰면 됨.

3. 영어는 둔갑형도 공식에 의해 친절하게 돌아감.

2 동사의 기본 성질

한국을 떠난 지 벌써 이십 몇 년이 됐다는 걸 믿을 수가 없어요. 한국에 살 때는 시간이 빠르다는 걸 그렇게 실감하지 못했는데 외국 생활을 하면서는 시간이 날아다니는 것처럼 느껴져요.

본격적으로 의식이 있는 나이를 한 여덟 살이라고 치면 이제 한국에서 산 시간보다 외국에서 산 시간들이 더 많네요. 그런데도 한국에서 성장을 해서인지 그 시간들이 굴곡이 있게 느껴지고요, 어른이 되어 외국에서 산 시간들은 수평적으로만 느껴져요.

그래도 참 열심히 살았다 싶어요. 만족해요. 태어나고 자란 곳을 떠나 외국에서 뿌리를 내리는 일은 쉽지 않았어요. 물론 더 많고 더 다양한 것들을 살아 내고 있다는 사실은 언제나 즐거웠고 감사했지만 뿌리가 다르다는 것은 스트레스였어요.

생김새도 다르고, 말도 다르고, 문화도 다르고, 산 설고 물 선 곳에서 살아 내는 일에 때때로 헉헉대기도 했지만 그래도 잘 살아 냈다고 생각해요. 절대 쉽지 않았지만 의미도 있었고, 후회도 없고, 무엇보다 스릴이 있었어요.

가끔씩 생각해요. 나고 자란 한국에서 사는 삶은 동사의 시제 같고요, 외국에서 한국인으로 살아가는 일은 둔갑형의 삶 같다고요. 그러니까 한국에서의 삶은 동사가 시제의 자리에서 살아가고 있는 거고요, 외국에서 사는 건 둔갑형인 to부정사, 동명사, 분사들이 태생은 분명 동사지만 명사, 형용사, 부사 자리에 사는 거라고나 할까요.

한국 사람인 제가 아무리 프랑스, 미국에서 오래 살았어도 한국 사람이라는 사실은 변하지 않는 것처럼 to부정사, 동명사, 분사도 이제는 더 이상 동사라고 불리지 않고 명사, 형용사, 부사라는 이름을 가지고 살아야 하지만 절대 동사의 성질을 버릴 수는 없어요.

허나 제가 외국에 살면서 한국에 사는 분들처럼 한국 사람으로서 자유롭게 하지 못하는 부분이 있는 것처럼 to부정사, 동명사, 분사도 그들 자신이 가진 동사의 성질을 맘껏 나타낼 수 없어요.

예를 좀 들어 볼까요.

저는 한국 사람이지만 한국말로 의사를 표현할 수 없어요. 여기는 미국이니까요. 영어를 배워서 살아가는 수밖에 없어요. "나는 한국 사람이에요. 한국말로 하겠어요"라고 할 수 없어요. 그들에게 한국말을 배우라고 권할 수는 없는 노릇이잖아요. 제가 불어, 영어를 배워서 살아남아야 했어요.

김치찌개를 좋아해요. 청국장도 사랑해요. 삼겹살에도 미쳐요. 그러나 꽉꽉 먹고 냄새 폴폴 풍기며 다닐 수 없어요. 여기는 미국이고 그들은 이런 강한 냄새들을 싫어하거든요. 문화의 차이니 이해해 주세용이라고 하기에는 그들이 너무 힘들어해요. 이해 못 할 것이 분명해요. 그래서 제가 조심해서 먹어요. 식당에서 냄새가 강한 음식을 먹으면 곧바로 집으로 돌아오곤 해요. 가끔 한국에 가서 냄새 강한 음식을 먹고 마구 돌아다니면 엄청 신이 나요.

오래전 다니엘 스틸의 『Dating Game』을 읽고 까무러칠 뻔했어요.

바람을 핀 남편이 어찌나 당당하시던지. 〈사랑과 전쟁〉에 나오는 험악한 풍경은 없었어요. 첨엔 이래도 되는 건가 싶었지만 받아들였어요. 이혼 후에 그들이 싸우지 않고 이렇게 저렇게 만나는 과정들이 정말 낯설었어요. 그러나 내 문화의 잣대로 그들을 평가하거나 이해시키려 할 수 없다는 걸 배웠어요. 내 안의 정서와 그들의 정서가 다르다는 걸 인정해야 했어요.

지금은 많이 좋아졌지만 첨에 미국에 와서는 저한테 딱 맞는 바지를 사기가 정말 힘들었어요. 곧 알았어요, 나는 그들과 체형이 다르다는 걸. 결국 발에 땀 나도록 돌아다니면서 저에게 맞는 바지를 찾아냈어요.

그러니까 외국에 살면서 저는 제가 바뀌어야 했어요. 그러나 제가 한국인이라는 사실은 절대 변하지 않았고요, 외국에 산다고 해서 정서가 변하거나 도덕의 잣대가 바뀌거나 하지는 않았어요. 그냥 저는 여전히 한국 사람이고요. 한국 사람이면서 외국에서 살아남는 방법을 배웠어요. 외국에 살면서 한국 사람이기를 멈춘 적은 한 번도 없었고, 외국에서 살아야 한다고 해서 한국 사람이기에 가진 것들을 버리려고도 하지 않았어요. 그냥 적당히 맞춰 살았어요.

한국에 살았으면 불어나 영어가 그렇게까지 다급하지는 않았겠고, 김치찌개, 청국장, 삼겹살도 맘껏 먹었겠고, 〈사랑과 전쟁〉에 나오는 풍경에 익숙했겠고, 바지도 쉽게 샀겠지요. 아마 더 편안하게 큰 무리 없이 살았을 거예요.

그러나 저는 어쨌든 내 고향 한국을 떠나 외국에서 살아남아야 했어요. 불어나 영어를 죽자고 공부해서 익혔고요. 냄새가 강한 음식은 조심해서 먹고 있어요. 이혼한 부부가 친구처럼 자연스럽게 어울리는 풍경에도 이제는 무덤덤해요. 바지는 어디서 사야 하고 어디서 사지 말아야 하는지도 잘 알아요. 그러니까 한국 사람이면서 외국이라는, 내 고향이 아닌 곳에서 살아남는 법을 터득한 거지요.

둔갑형도 똑같아요. 그들은 누가 뭐래도 동사예요. 제가 죽어도 한국 사람인 것처럼 그들도 죽어도 동사예요. 제가 한국에서 살지 못하고 외국에서 사는 것처럼 그들도 그들의 자리인 주어 뒤에서 시제로 쓰이지 못하고 산 설고 물 선 명사, 형용사, 부사 자리에서 지내고 있어요.

한국 사람인 제가 외국 생활을 하며 여러 가지를 바꾸며 살았어도 결국엔 한국 사람의 성질을 다 가지고 살아가는 것처럼 둔갑형들도 명사, 형용사, 부사의 자리에 가서 활동을 해도 결국은 동사일 수밖에 없고요. 제가 한국 사람의 성질을 고스란히 지니고 외국 생활에 맞추어 사는 것처럼 그들도 동사의 성질을 고스란히 지니고 명사, 형용사, 부사의 일을 하는 것이랍니다.

우리는 동사의 성질이 무엇인지를 살펴보고요, 둔갑형이 명사, 형용사, 부사 자리에서 동사의 성질을 어떻게 나타내고 있는지 살펴볼 거예요.

그럼 동사의 성질이란 뭘까요?

1. 동사는 주어를 가지게 되어 있어요. 동사는 움직임이나 상태를 나타내고 있으니 그 주체가 반드시 필요하겠지요? 그 주체는 주어예요.
2. 동사는 반드시 시제를 가지고 있어요. 그러니까 모든 동사는 원칙적으로 12시제 중 하나의 시제를 가지고 있어요. 12시제가 기본이에요.
3. 동사는 보어나 목적어, 부사를 뒤에 둘 수 있어요. 물론 완전자동사는 보어나 목적어를 필요로 하지 않아요. 그러나 불완전자동사나 타동사들은 보어나 목적어를 뒤에 가지게 되고요, 부사도 올 수 있어요. 부사는 동사를 꾸미는 역할을 하니 당연히 올 수 있겠

지요.
4. 부정할 수 있어요. 먹는다는 먹지 않는다, 잔다는 자지 않는다처럼요.
5. 타동사는 수동태로 바꿀 수 있어요.

읽고 나서 애개? 하셨을지도 몰라요. 제가 봐도 참 간단하고 무엇보다 너무 상식적이라고나 할까요. 암튼 뭐 이런 걸 굳이 공부해야 하나 싶을지도 몰라요. 근데 의외로 많은 일들이 간단한 원리를 생각해 내지 못해 어려워지고 꼬이고 한답니다. 기본 원칙을 중요시해야 그다음도 쉽게 풀려요.
그리고 동사의 성질을 제대로 아는 건 뒤에서 공부할 둔갑형 동사의 성질을 이해하기 위해서 꼭 필요해요.

동사의 기본 성질

1. 주어를 가진다.

2. 시제를 가진다.

3. 보어, 목적어, 부사 등을 달고 온다.

4. 부정할 수 있다.

5. 수동태로 바꿀 수 있다.

3 둔갑형도 동사의 성질을 그대로 가진다

자고 일어나 보니 비가 와 있네요. 오늘은 뭐 해 먹나, 잠시 생각에 잠겼어요. 어제 카레 하고 남은 고기가 있는데 그걸로 미역국을 좀 끓일까, 아님 그냥 쓱쓱 썰어서 버터에 구워 먹을까, 나가서 먹을까? 얼큰한 칼국수도 생각 나고….

일단 아래층에 내려가서 사과를 하나 집어 들고 올라왔어요. 요즘은 사과가 너무 맛있어요. 제철이라서 그럴까요? 껍질째 베어 먹었어요. 씹으면 입에 한가득 고이는 새콤한 과즙도 좋고요, 귀에 착착 감기는 사각거리는 소리도 좋아요. 이 맛있는 사과의 맛을 구미호는 모르겠지요?

그래도 구미호는 집에 앉아 팔자 탓을 하며 울기만 하지는 않았어요. 무덤으로 뛰어갔어요. 겉은 사람이지만 속은 여우인 구미호는 사람이 먹는 건 먹을 수가 없었으므로 한밤중에 무덤으로 뛰어가 몰래 식사를 했어요.

겉은 명사, 형용사, 부사지만 속은 동사인 to부정사, 동명사, 분사도 가만히 앉아 울기만 하지는 않았어요. 나름대로 동사의 성질을 나타낼 방안을 고안했어요. 그래서 해결책을 마련했어요.

어디 한번 구경해 볼까요?

■ You speak English.

이 문장에서 보면 우리가 살펴려는 동사는 speak예요. speak 앞에 그러니까 동사 앞에 you라는 주어가 있네요. 시제는 단순현재예요. 그리고 뒤에는 English라는 목적어가 있어요. 부정을 할 수도 있어요. You don't speak English. 수동태로 만들 수도 있어요. English is spoken by you.
위 문장의 동사인 speak는 동사의 자리, 즉 주어의 뒤에 쓰여 시제 역할을 하고 있어요. 단순하게 동사의 성질을 잘 나타내고 있어요. 그런데 다음 문장의 speak는 어떨까요?

■ I wanted to speak English.

여기에서 동사는 wanted예요. 주어는 I고요. 시제는 과거. to speak English는 to부정사로, 목적어로 쓰였어요. 이 문장은 부정문으로 만들 수도 있어요. I didn't want to speak English. 원칙적으로 수동태로도 만들 수 있어요. 그러나 좀 어색해요. 수동태가 가능하다고 해서 다 만드는 건 아니에요. 그래도 굳이 만들어 보자면 To speak English was wanted by me.
자, 그런데!
위의 문장에는 wanted 말고 동사가 하나 더 있어요. 바로 speak. 아까 말씀드린 것처럼 to speak는 목적어로 쓰였어요. wanted는 '원했다'라는 뜻의 목적어가 필요한 타동사고요. wanted의 목적어는 to speak English예요. 세 개의 단어로 이루어져 있으니 목적어구라고 부를 수 있어요.

목적어의 자리에는 명사만 간다고 했던 거 기억하나요? 그래서 여기 to speak English는 목적어이면서 명사라고 부를 수 있어요.

speak는 말하다, 라는 뜻을 가진 엄연한 동사예요. 실제로 주어 뒤에서 시제 변화를 하며 많이 쓰여요. 하지만 여기서는 to와 함께 명사로 쓰였어요. 더 이상 동사라고 부르지 않을 거예요. 명사라고 부를 거예요.

그런데!
우리는 둔갑형들이 아무리 명사, 형용사, 부사의 자리에 가도 동사의 성질을 지니고 있으며 다만 맘껏 나타내지 못한다는 걸 공부했어요. 확인해 볼까요?

I wanted to speak English.

wanted의 주어가 I인 건 확실한데 speak의 주어는 뭘까요? 아무리 speak가 둔갑을 해서 명사의 자리에 쓰였어도 출신이 동사이므로 주어를 가진다는 사실은 변하지 않아요. 그런데 딱히 speak의 주어라 할 만한 게 보이지 않아요. 원칙대로라면 speak도 반드시 주어를 가져야만 해요. 말을 하는 주체가 필요하니까요. 그런데 speak의 주어는 어디에 있을까요?

두 번째 성질인 시제는 어떤가요? wanted는 분명히 과거인데 to speak의 시제는 뭐지요? 이것도 생각해 볼 필요가 있을 것 같지요. 현재일까요? 확신하기엔 찜찜하지요?

세 번째 성질인 '보어, 목적어, 부사 등을 달고 온다'는 쉬워 보여요. speak 뒤의 English가 speak의 목적어니까요. 그러니까 speak가 명목상 동사의 이름을 잃고 명사로 쓰였어도 시제로 쓰였을 때와 마찬가지로 여전히 목적어를 뒤에 달고 왔어요.
 네 번째 성질인 '부정할 수 있다'를 보면요, wanted는 didn't want로 부정할 수 있어요. 그런데 to speak는 어떻게 부정할까요? '말하다'는 당연히 '말하지 않는다'로 바꿀 수 있어야 하겠지요. 어떻게 바꾸지요?
 다섯 번째 성질인 '수동태로 바꿀 수 있다'를 보면 speak는 목적어를 가지는 타동사이므로 원칙적으로 수동태로 만들 수 있는 동사예요. 그런데 to speak는 어떻게 수동태를 만들지요?

 일단 위의 질문들을 곰곰이 생각해 주세요. 조만간 답을 드릴게요. 생각을 해 보고 답을 보는 것이 훨씬 오래 기억에 남을 거예요. 그동안의 독서와 문제집들을 풀던 내공을 발휘해 보세요. 이 질문들은 정말 중요해요. 동사의 둔갑형을 푸는 또 다른 열쇠랍니다. 문법에서 제가 가장 중요시하는 부분이기도 하고요.
 지금까지 함께 공부해 온 분들은 느꼈겠지만 저는 비가 오나 눈이 오나 한 말 또 하고 또 하고 또 하는 버릇을 가지고 있어요. 문법도 꽤 오랜 시간 이것저것 배우는 것 같지만 매번 똑같은 틀을 가지고 설명을 한다는 걸 느꼈을 거예요.
 사람도 한결같은 사람이 좋듯이 '문법도 한결같은 틀로 설명하자!'가 제 모토랍니다, 하하하. 사실은 제 모토 때문에 늘 한결같은 틀로 설명을 드리는 건 아니고요, 문법 자체가 한결같은 틀로 돌아가기 때문이에요. 앞서 드린 설문도 우리가 사용하는 틀로 스며들 거예요. 굉장히 중요한 부분이에요. 너무 답에 연연해하지 말고 그냥 차분하게 어떤 질문이었던가에 초점을 맞추어서 곰곰이 생각해 주세요.
 때로는 답을 내는 것보다 그 안에 얼마나 머물렀느냐가 더 중요할 때가 있어요. 어차피 답은 제가 곧 간단하고 명쾌하게 드릴 거예요. 문제는 답을 아느냐 모르느냐가 아니고요, 얼마나 깊이 박혀서 필요한 순간에 '딱딱 꺼내서 쓸 수 있느냐'랍니다. 그러니 부담 없이 질문을 곱씹어 주세요. 질문을 기억하고 있는 게 정말 중요해요.

둔갑형은 동사의 성질을 어떻게 나타낼까?

2번 쓰기

1. 시제 변화로 쓰인 동사의 성질

You speak English.

① 주어를 가진다 : speak의 주어는 You.
② 시제를 가진다 : 단순현재.
③ 보어, 목적어, 부사 등을 달고 온다 : speak 뒤에 English라는 목적어가 붙음.
④ 부정할 수 있다 : You don't speak English.
⑤ 수동태로 바꿀 수 있다 : English is spoken by you.

2. 둔갑형으로 쓰인 동사의 성질

I wanted to speak English.

① 주어를 가진다 : wanted의 주어는 I. speak의 주어는?
　speak가 둔갑을 해서 명사의 자리에 쓰였어도 출신이 동사이므로 주어를 가진다는 사실은 변하지 않음.
② 시제를 가진다 : wanted는 분명히 과거인데 to speak의 시제는?
③ 보어, 목적어, 부사 등을 달고 온다 :
　speak 뒤의 English가 speak의 목적어.
　그러니까 speak가 동사의 이름을 잃고 명사로 쓰였어도 시제로 쓰였을 때와 마찬가지로 여전히 목적어를 뒤에 달고 왔음.
④ 부정할 수 있다 : wanted는 didn't want로 부정할 수 있음.
　그런데 to speak는 어떻게 부정할까?

⑤ 수동태로 바꿀 수 있다 : speak는 목적어를 가지는 타동사이므로 원칙적으로 수동태로 만들 수 있는 동사.

그런데 to speak는 어떻게 수동태를 만들까?

2. 둔갑형 동사의 성질

동사가 동사의 자리에 있지 못하고 다른 자리로 가서 둔갑을 하는 경우, 출신이 동사라 동사의 성질은 그대로 지니고 있다는 사실은 자면서도 헷여 잊어서는 안 되는 정말 중요한 개념이에요. 하지만 둔갑형이 되어서는 동사의 성질을 그대로 나타낼 수 없어서 새로운 원칙이 필요하답니다.

1 둔갑형 동사의 성질 ⑴
 - 의미상의 주어를 가진다

동사의 자리에서 시제 변화를 하지 않고 둔갑의 자리로 간 to부정사, 동명사, 분사는 애로사항이 많답니다. 그러나 제가 이곳에서 열심히 한국 음식을 해 먹으면서 사는 것처럼 둔갑형들도 자신들의 동사의 속성을 기필코 챙기면서 산답니다. 그중에서 첫 번째로 주어를 나타내야만 하는 성질에 대해서 공부해 볼게요.

(명령형을 제외하고) 모든 동사는 다 원칙적으로 주어를 가진다.

정말 그럴까요? 확인을 해 볼까요?

- I want to go.

여기에 두 개의 동사가 있어요. want와 go예요. 두 개의 동사가 다 주어를 가지고 있는지 살펴볼까요? want의 주어는 I겠지요. 그럼 to go의 주어는 어디에 있을까요? 없네요?

- It is easy to learn English.

여기에도 동사가 두 개 있어요. is와 learn. is의 주어는 It이 분명한데

to learn의 주어는 어디에 있을까요? 없지요? 그렇다면 모든 동사가 주어를 갖는다는 건 거짓말인가요?

거짓말이 아니랍니다. 여기에 생략의 개념이 등장해요. 저 위에 보이는 to go와 to learn은 비록 둔갑을 한 동사지만 주어를 가질 권리가 있어요. 당연히 주어가 존재해요. 그러나 생략한 거랍니다.

그럼 왜 생략했을까요? 답은 간단해요. '생략할 만하니 생략했다'랍니다. 즉 생략을 해도 상관이 없으니 생략한 거지요.

다시 처음으로 돌아와 동사와 주어의 관계를 생각해 볼까요? 모든 동사는 다 주어를 가지게 되어 있어요. 그러나 동사의 자리에 있지 못하고 둔갑을 한 동사들은 시제 자리에서 가졌던 형태의 주어를 가질 수가 없어요.

시제 자리에서 가졌던 주어의 형태란
① 주격대명사
② 명사

예를 들어 볼게요.

<u>I</u> go to school.
<u>He</u> did it.
<u>We</u> help him.
<u>Tom</u> wants it.
<u>Jane</u> drinks coffee.

보다시피 원래 문장의 주어는 이렇게 주격대명사(I, He, We)를 쓰거나 명사(Tom, Jane)를 그냥 쓰면 돼요.

그런데 동사가 둔갑을 하면 위와 같은 주어 형태를 가질 수 없어요. 예를 들어 It is easy Tom to go there라든지 It is easy he to go there 같은 문장은 있을 수 없어요. 틀린 문장이에요.

정리를 해 보면 동사는 반드시 주어를 가져야 하고 둔갑을 해도 동사의 성질을 가지므로 주어가 있어야 하는데 원래의 주어 형태로 쓸 수는 없어요. 어쩌지요?

여기서 의미상의 주어라는 개념이 등장을 한답니다.

의미상의 주어

동사가 동사의 자리에 있지 못하고 다른 자리로 가서 둔갑을 했을 경우에도 동사의 성질은 그대로 가지고 있으므로 주어가 있어야 하는데, 그 주어를 그대로는 쓰지 못하고 형태를 바꿔 써 주는 것.

예를 들면 위에서 보았던 문장은 다음과 같이 고칠 수 있어요.

    It is easy Tom to go there.   (X)
    → It is easy <u>for Tom</u> to go there.   (O)

    It is easy he to go there.   (X)
    → It is easy <u>for him</u> to go there.   (O)

앞 문장에서 줄을 친 부분이 보이지요? 그것들을 의미상의 주어라고 부르는 거예요. 즉 to go는 주어가 필요한데 그냥 Tom이나 he는 쓸 수가 없고요, '의미상의 주어'로 바꾸어야 하는 거예요.

그러니까 의미상의 주어는 시제 변화에 쓰이는 주어가 둔갑형에 맞게 변신한 형태라고 볼 수 있어요. 둔갑형인 to부정사, 동명사, 분사는 각각 자신들만의 의미상의 주어 형태를 가지고 있어요.

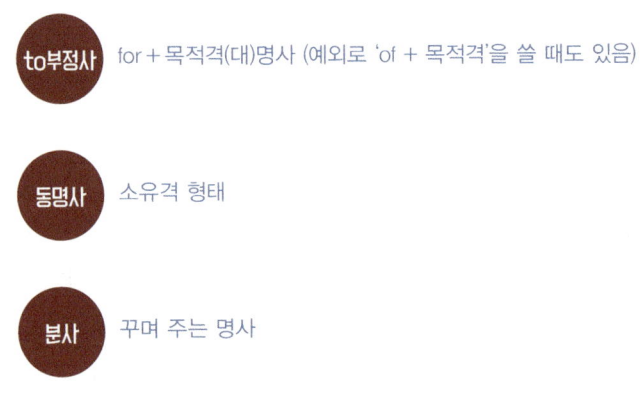

to부정사 for + 목적격(대)명사 (예외로 'of + 목적격'을 쓸 때도 있음)

동명사 소유격 형태

분사 꾸며 주는 명사

예를 들어 볼게요.

■ It is easy <u>for Tom</u> to go there. (to부정사의 의미상의 주어)
여기서 둔갑형인 to go의 주어는 Tom이에요. 그러나 to go가 둔갑형이므로 주어의 형태가 의미상의 주어의 형태, 즉, for Tom이 되었어요. 이해가 되지요?

다시 정리를 하면 is의 주어는 It이고요. to go의 주어는 의미상의 주어로서 for Tom이 되는 거예요.

■ I like your singing. (동명사의 의미상의 주어)
나는 네가 노래 부르는 것이 좋다, 라는 문장을 만들고 싶다면 위와 같이 하면 돼요. 즉 여기서 동사는 두 개예요. like와 singing. like는 시제 변화의 동사고요, singing은 like 뒤의 목적어 자리에 온 명사로서 동사 sing이 둔갑한 동명사예요.
like는 시제 변화의 동사라 앞에 I라는 주격대명사가 왔지만 singing은 둔갑형이라 의미상의 주어로 소유격 your가 쓰였어요.

■ sleeping beauty와 baked potato (분사의 의미상의 주어)
우리가 잘 알고 있는 '잠자는 숲 속의 미녀'는 영어에서는 sleeping beauty라고 불러요. '숲 속의'를 뜻하는 단어가 영어 제목에는 없어요. beauty를 미녀로 보고요. 그 앞의 sleeping은 beauty를 꾸미는 형용사로 쓰인 현재분사인데 이때 둘의 관계를 주어, 동사로 볼 수 있어요. beauty가 자는 거(sleeping)니까요. 이렇게 명사를 꾸미는 형용사 일을 하는 분사에게는 의미상의 주어가 꾸밈을 받는 명사랍니다.
baked potato(구워진 감자)에서 baked가 potato를 꾸미고 있지요? 형용사 일을 하는 baked이지만 출신이 동사라 동사의 성질인 주어를 가져야 해요. 여기서 baked의 의미상의 주어는 potato예요. 꾸밈을 받는 명사인 거지요. 원래 bake(굽다)는 주어로 보통 사람이 오고 굽는 대상(예를 들면 빵)이 목적어로 오지만, 과거분사로 둔갑한 경우는 수동의 의미를 가지기 때문에 수동태의 주어(능동태에서는 목적어)인 굽는 대상이 의미상의 주어가 돼요.

아까 생략할 만해서 (의미상의) 주어를 생략했던 두 문장을 다시 불러올까요.

- I want to go.

to go의 주어는 I랍니다. 여기에는 동사가 want와 go 두 가지가 있는데 둘 다 주어가 I라고 볼 수 있어요. 즉 원하는 것도 I고 가는 것도 I인 거지요.

그래서 원칙적으로는 I want for me to go가 되어야 하는데요. 이렇게 시제의 주어와 to부정사의 주어가 일치하면 to부정사의 주어는 생략을 해요. 생략을 해도 주어가 무언지를 이해할 수 있기 때문이지요.

- It is easy to learn English.

동사는 is와 learn 두 개예요. is의 주어는 It인데 to learn의 주어는 없어요. 없는 게 아니고 생략이 된 거겠지요. 주어가 없는 동사는 원칙적으로 존재할 수가 없어요.

여기서는 for us가 생략이 되었다고 볼 거예요. 즉, 원래의 문장은 It is easy for us to learn English예요. 그렇다면 for us가 생략이 된 이유는 뭘까요? 누구이 말씀드렸듯이 생략이 되는 이유는 생략할 만해서이고요, 생략할 만하다는 것은 생략을 해도 우리가 쉽게 유추를 해 낼 수 있다는 얘기랍니다.

for us에서 us는 일반인이라고 볼 수 있어요. 즉 영어를 배우는 주어에 해당하는 '우리는' 넓게 본 우리로서 일반인이라고 볼 수 있어요. 그러므로 생략을 해도 상관이 없는 거예요. 영어를 배우는 주체가 딱히 정해진 것이 아니라 모든 사람으로 넓혀서 보는 거니까요. 이렇게 의미상의 주어가 일반인인 경우에도 흔히 생략을 해요.

다시 정리를 해 보면 동사는 그 형태가 시제 변화이건 준갑이건 무조건 주어를 가지게 되어 있어요. 시제 변화의 주어는 주격대명사와 명사를 쓰고요. 둔갑형에서는 for + 목적격(대)명사, 소유격, 꾸밈을 받는 명사가 의미상의 주어예요.

결국 동사는 무조건 주어가 있어야 하는데 막상 문장을 보면 주어가 시시콜콜 다 나타나지는 않아요. 그건 주어가 없는 것이 아니고 생략이 된 경우예요. 시제의 주어와 일치하거나 일반인이 주어인 경우 생략이 가능해요.

둔갑형의 주어

1. (명령형은 제외하고) 모든 동사는 다 원칙적으로 주어를 가짐.
   그러나 동사의 자리에 있지 못하고 둔갑을 한 동사들은 시제 자리에서 가졌던 형태의 주어를 가질 수 없음.

2. 시제 자리에서의 주어의 형태
   ① 주격대명사
   ② 명사

3. 동사는 반드시 주어를 가져야 하고 둔갑을 해도 동사의 성질을 가지므로 주어가 있어야 하는데 원래 주어로 쓰이던 것들은 쓸 수 없고 의미상의 주어를 써야 함.
   It is easy Tom to go there. (x) → It is easy for Tom to go there. (o)
   It is easy he to go there. (x) → It is easy for him to go there. (o)

4. 의미상의 주어는 시제 변화에 쓰이는 주어가 둔갑형에 맞춰 변신한 형태라고 볼 수 있음.
   둔갑형인 to부정사, 동명사, 분사는 각각 자신들만의 의미상의 주어 형태를 가지고 있음.
   to부정사 : for + 목적격(대)명사
              (예외로 'of + 목적격'을 쓸 때도 있음)
   동명사 : 소유격 형태
   분사 : 꾸며 주는 명사

① to부정사의 의미상의 주어

It is easy for Tom to go there.

둔갑형인 to go의 주어는 Tom. 그러나 to go가 둔갑형이므로 주어의 형태가 의미상의 주어 형태, 즉, for Tom이 되었음.

② 동명사의 의미상의 주어

I like your singing.

동사는 두 개. like와 singing. like는 시제 변화의 동사.

singing은 like 뒤의 목적어 자리에 온 명사로서 동사 sing이 둔갑한 동명사.

singing은 둔갑형이라 의미상의 주어로 소유격을 사용. 즉, 주어는 your임.

③ 분사의 의미상의 주어

sleeping beauty와 baked potato

sleeping은 beauty를 꾸미는 형용사로 쓰인 현재분사임.

이때 둘의 관계가 주어, 동사. beauty가 sleeping하는 거니까.

형용사 일을 하는 분사의 의미상의 주어는 꾸밈을 받는 명사.

baked potato에서 baked가 potato를 꾸미고 있음.

baked의 의미상의 주어는 potato. 즉 꾸밈을 받는 명사가 의미상의 주어.

bake는 과거분사로 둔갑한 경우엔 수동의 의미를 가지기 때문에 수동태의 주어(능동태에서는 목적어)인 굽는 대상이 의미상의 주어가 됨.

5. 의미상의 주어의 생략

I want to go.

want와 to go의 주어는 둘 다 I.

원칙적으로는 I want for me to go가 되어야 함.

시제의 주어와 to부정사의 주어가 일치하면 to부정사의 주어는 생략.

생략을 해도 주어를 알 수 있기 때문.

It is easy to learn English.

동사 is의 주어는 It인데 to learn은 없음.

없는 게 아니고 생략이 된 것. 여기서는 for us가 생략.

원칙적으로는 It is easy for us to learn English가 되어야 함.

for us에서 us는 일반인이라 흔히 생략.

2 둔갑형 동사의 성질 (2)
– 시제를 가진다

　동사가 동사의 자리에 있지 못하고 다른 자리로 가서 둔갑을 하는 경우 출신이 동사라 동사의 성질은 그대로 지니고 있다는 사실은 자면서도 행여 잊어서는 안 되는! 정말 중요한 개념이에요. 그리고 동사가 지니고 있는 성질을 둔갑형이 되어서는 그대로 나타낼 수 없으므로 의미상의 주어가 등장을 한다는 것도 백골이 진토가 되는 한이 있어도 붙잡고 있어야 하는 개념이고요.
　평생을 해도 문법이 어려운 이유는 큰 그림을 보지 못했기 때문인 경우가 많아요. 그리고 다 안다고 생각하고 무심히 지나치는 것들이 발목을 잡는 경우도 많고요. 영어는 문법의 완성 없이는 개운하지가 않아요. 해석이나 시험은 사실 어찌어찌 넘어갈 수 있지만 작문에서는 문법이 없으면 고통스러울 따름이에요.
　문법은 절대 어려운 것이 아니에요. 적당한 반복이 없어서 큰 그림이 그려지지 않아 우왕좌왕하는 것이고요. 많은 양의 문장을 만나 보지 않아 어렵게 느껴지는 것일 뿐이에요. 숙제를 열심히 해 주세요. 그럼 문법은 반드시 해결이 나게 되어 있답니다.
　이번엔 문법의 큰 그림에서 또 하나 빼놓을 수 없는 중요한 것을 공부할 거예요. 어렵지는 않으나 정확한 이해가 필요한 부분이니 두 눈을 크게 뜨고 읽어 주세요.

주어를 가지고, 시제를 가지고, 목적어·보어·부사 등을 달고 오고, 부정문을 만들 수 있고 수동태도 만들 수 있다.

당연한 듯하지만 쉽사리 지나쳐서는 안 되는 동사의 성질이에요. 이 중에 '시제를 가진다'에 대해서 살펴보려고 해요.
시제란 그야말로 시간을 나타내는 표현이에요. 동사는 그 일을 행하는 주체도 반드시 필요하지만 그 일이 행해지는 시점도 반드시 존재하게 되어 있어요. 그리고 그 시점은 과거, 현재, 미래로 크게 나누어 나타내지요.
예를 들어 볼까요.

I go.
I went.
I will go.

위의 세 문장은 다 주어, 동사의 1형식이에요. 동사의 시제는 현재, 과거, 미래라고 간단하게 말할 수 있어요. 사실은 이것도 간단한 게 아니에요. 그동안 열심히 공부를 했기 때문에 바로바로 말할 수 있는 거예요. 공부하고 외워 두어야 남는 것이 어학이니까요.

- I want to go.

이 문장엔 두 개의 동사가 있어요. want와 to go. want는 현재라고 자신 있게 말할 수 있어요. 그럼 to go의 시제는 뭘까요? 현재가 아닐

까 생각하는 분들이 많을 거예요.

■ I wanted to go.
이 문장은 어때요? 여기도 동사가 두 개 있어요. wanted와 to go. wanted는 과거가 확실한데 to go의 시제는 뭘까요? 위의 to go와 똑같이 생겼으니 이것도 현재라고 할까요?
I want to go에서는 to go가 현재라고 자신 있게 말했지만 I wanted to go에서는 to go가 현재라고 자신 있게 말하기가 좀 그래요. wanted가 걸려요. 그지요? 그런데 to go는 생긴 게 어쩐지 딱 현재같이 생겼어요. 아아, 어쩌지요?
답을 말하자면, I want to go에서의 to go는 현재고요, I wanted to go에서의 to go는 과거예요. 어디 보자… 그러니까 생긴 건 똑같이 생겼는데 하나는 현재고 하나는 과거네요. 도대체 어찌된 일일까요?
둔갑형의 시제는 시제 변화 동사와 비교를 해서 결정하기 때문에 그렇답니다. I want to go에서 to go가 현재인 이유는 want가 현재라서 그런 거고요, I wanted to go에서 to go가 과거인 이유는 wanted가 과거라서 그래요.
너무 쉽지요?
정리를 하면 둔갑형의 시제는 시제 변화 동사의 시제와 일치하게 되어 있어요.
그런데 문제가 있어요. 만일 시제 변화 동사의 시제와 둔갑형 동사의 시제가 다르면 어쩌지요?
예를 들어 '그녀는 아팠던 것처럼 보인다'라는 문장을 만든다고 하면 '그녀가 ~처럼 보이는 건' 현재고요, '그녀가 아팠던 건' 과거의 일이에요.
위의 두 가지 사실을 하나의 문장 안에 넣어 시제 변화와 둔갑형을 섞어서 문장을 만들려면 시제는 어쩌지요? 하나는 현재고 하나는 과거인데 말이에요.

→ She seems to have been sick.

답을 보는 순간 '그동안 나를 종종 괴롭혀 왔던 바로 그것이구나' 하는 분들이 꽤 있을 거예요.
시제 변화 동사의 시제와 준동사의 시제가 같은 경우와 다른 경우를 위해서 준동사에는 두 가지의 형태가 존재를 한답니다. 단순형과 완료형이에요.

to부정사
단순형 - to + 동사원형 (to be)
완료형 - to have + p.p. (to have been)

동명사
단순형 - -ing (being)
완료형 - having + p.p. (having been)

분사
단순형 - -ing
완료형 - having + p.p. (having been)

단순형과 완료형의 쓰임은 간단해요.
시제 변화 동사와 준동사의 시제를 비교해서 두 개의 시제가 같으면 단순형을 쓰고요, 두 개의 시제가 다르면 완료형이 등장을 하는 거예요. '그녀는 아팠던 것처럼 보인다'를 다시 살펴보면,

- She seems to have been sick. 현재보다 과거 (완료형)

이 문장에는 동사가 두 개 있어요. seems와 to have been이에요. 하나는 시제 변화를 하는 동사이고 다른 하나는 둔갑형이에요. 그런데 둔갑형이 완료형으로 왔어요. 두 개의 시제가 다르기 때문이에요.

즉, '~처럼 보이는 건' 현재인데 '아팠던 건' 과거예요. 그래서 시제 변화 동사는 현재지만 둔갑형은 완료형이 되는 거예요.

정리하면 둔갑형의 완료형은 시제 변화 동사의 시제보다 더 먼저 일어난 일을 나타내는 거예요.

- She seems to be sick. 현재 (단순형)

이 문장에서는 '~처럼 보이는 것'도 현재고 '아픈 것'도 현재예요. 해석을 하면 '그녀는 아파 보인다'가 되겠지요?
위의 완료형 문장과의 차이가 이해가 되나요?

- She seemed to be sick. 과거 (단순형)

위의 문장은 시제 변화 동사도 과거고요, 둔갑형도 과거예요. 시제 변화 동사가 과거인 이유는 ed가 있기 때문이고요. 둔갑형이 과거인 이유는 단순형(to be)이라서 그래요. 단순형은 시제 변화 동사의 시제와 일치해요.

해석을 해 보면 '그녀는 (과거에) 아픈 것처럼 (과거에) 보였다.' 즉, 아팠던 것도 과거고 '~처럼 보인다'고 추측을 하는 상황도 과거예요.

영희를 일주일 전에 만났어요. 그런데 그 일주일 전에 만날 때 영희는 아픈 것처럼 보였어요. 위 문장은 아픈 시점과 보였던 시점이 같은 상황에서 쓸 수 있는 표현이에요.

■ She seemed to have been sick. 과거보다 더 과거 (완료형)
위의 문장은 시제 변화 동사는 과거이나 둔갑형은 완료형이므로 과거보다 더 먼저 일어난 과거라고 볼 수 있어요. 영희를 일주일 전에 만났어요. 그런데 영희가 그 전에 아팠던 것처럼 보여요. 즉 만난 시점은 일주일 전이지만 영희가 아팠던 것은 그 전이었을 경우, '~처럼 보였던 것'과 '아팠던 것'의 시제가 다른 거지요.
해석을 하면 '그녀는 아팠던 것처럼 보였다'.
다시 정리를 하면 만나서 '~처럼 보인다고 생각한 것'은 일주일 전, '아팠던 것'은 일주일보다 더 전에 있었던 일이에요.

동사가 동사의 자리에 있지 못하고 둔갑을 해도 동사의 성질은 그대로 지니게 되어 있어요. 그중에서도 '시제를 반드시 가진다'는 동사의 성질을 나타내기 위해서 둔갑형에는 단순형과 완료형 두 가지가 쓰여요.
시제 변화 동사의 시제와 둔갑형의 시제가 일치하면 둔갑형에 단순형을 쓰고 시제 변화 동사의 시제와 둔갑형의 시제가 일치하지 않으면 둔갑형에 완료형을 쓰는 거예요.
결국 문장 안에서 둔갑형을 만나 시제를 이해하기 위해서는 단순형과 완료형의 개념을 가지고 시제 변화 동사와 비교해서 결정하는 거예요. 즉 단순형이라고 해서 현재, 완료형이라고 해서 과거, 이런 식으로 말할 수 없어요.

■ I want to go.
to go는 단순형. 이제 시제 변화 동사와 비교. 시제 변화 동사가 현재니까 to go도 현재.

- I wanted to go.

to go는 단순형. 단순형이라고 무조건 현재라고 하면 곤란. 시제 변화 동사와 비교를 해야 함. 시제 변화 동사가 과거니까 to go도 과거.

- She seems to be sick.

to be sick은 단순형. 시제 변화 동사인 seems와 같은 시제라는 얘기. 즉 seems와 to be sick은 둘 다 현재.

- She seems to have been sick.

to have been sick은 완료형. 시제 변화 동사보다 먼저 일어난 일이라는 얘기. seems가 현재이므로 to have been sick은 그보다 더 먼저 일어난 일로서 과거라고 봐야 함.

- She seemed to be sick.

to be sick은 단순형. 시제 변화 동사와 같은 시제라는 얘기. seemed가 과거이니 to be sick도 같이 과거.

- She seemed to have been sick.

to have been sick은 완료형. 시제 변화 동사가 과거이니 to have been sick은 과거보다 더 과거.

둔갑형의 시제 〔30번 쓰기〕

1. 시제란 시간을 나타내는 표현.
   동사는 그 일을 행하는 주체도 반드시 필요하지만 그 일이 행해지는 시점도 반드시 존재함.
   시점은 과거, 현재, 미래로 크게 나누어짐.
   I go.
   I went.
   I will go.

2. **I want to go와 I wanted to go**
   각각 동사가 두 개. want와 to go, wanted와 to go.
   I want to go에서의 to go는 현재.
   I wanted to go에서의 to go는 과거.
   둔갑형의 시제는 시제 변화 동사의 시제와 비교를 해서 결정하기 때문.
   I want to go에서 to go가 현재인 이유는 want가 현재라서.
   I wanted to go에서 to go가 과거인 이유는 wanted가 과거라서.
   둔갑형의 시제는 (단순형에서는) 시제 변화 동사의 시제와 일치함.

3. 시제 변화 동사의 시제와 둔갑형의 시제가 같은 경우와 다른 경우를 위해서 둔갑형에는 두 가지의 형태가 존재 – 단순형과 완료형.
   ① to부정사
      단순형 – to + 동사원형 (to be)
      완료형 – to have + p.p. (to have been)

② 동명사

　　단순형 – –ing (being)

　　완료형 – having + p.p. (having been)

③ 분사

　　단순형 – –ing

　　완료형 – having + p.p. (having been)

4. 시제 변화 동사의 시제와 둔갑의 시제를 비교해서 두 개의 시제가 같으면 단순형.

　두 개의 시제가 다르면 완료형.

She seems to be sick. 현재 (단순형)

'~처럼 보이는 것'도 현재고 '아픈 것'도 현재.

해석을 하면 '그녀는 아파 보인다'.

She seems to have been sick. 현재 (완료형)

동사가 두 개. seems와 to have been.

하나는 시제 변화를 하는 동사, 다른 하나는 둔갑형.

둔갑형이 완료형 – 두 개의 시제가 다르기 때문.

즉, '~처럼 보이는 건' 현재인데 '아팠던 건' 과거.

둔갑형의 완료형은 시제 변화 동사의 시제보다 더 먼저 일어난 일을 나타냄.

She seemed to be sick. 과거 (단순형)

위의 문장은 시제 변화 동사도 과거이고 둔갑형도 과거.

시제 변화 동사가 과거인 이유는 ed가 있기 때문.

둔갑형의 동사가 과거인 이유는 단순형(to be)이라서.

단순형은 시제 변화 동사의 시제와 일치.

해석을 해 보면 '그녀는 (과거에) 아픈 것처럼 (과거에) 보였다'.

즉, 아픈 것도 과거이고, ~처럼 보인다고 추측을 하는 상황도 과거.

She seemed to have been sick. 과거보다 더 과거 (완료형)

위의 문장은 시제 변화 동사는 과거이나 둔갑형은 완료형이므로 둔갑형의 시제는 과거보다 더 먼저 일어난 과거라고 볼 수 있음.

~처럼 보이는 것과 아팠던 것의 시점이 다름.

만나서 '~처럼 보인다'고 생각한 것이 일주일 전이라면, '아팠던 것'은 일주일보다 더 전에 있었던 일.

해석을 해 보면 '그녀는 (더 과거에) 아팠던 것처럼 (과거에) 보였다'.

5. 문장 안에 있는 둔갑형의 시제는 단순형과 완료형의 개념을 가지고 시제 변화 동사의 시제와 비교해서 결정.

3 둔갑형 동사의 성질 (3)
- 보어, 목적어, 부사 등을 달고 온다

동사의 세 번째 성질인 '동사는 뒤에 목적어, 보어, 부사 등을 달고 온다'에 대해 생각해 볼까요?

영어 문장을 다시 곰곰이 생각해 보면 대부분 주어가 나오고 그 뒤에 동사가 나오고 또 그 뒤로 목적어, 보어, 부사 등등이 줄줄이 딸려 오잖아요. 그지요? 그동안 당연하게 생각해 온 것들이었다면 이제부터는 신경을 써서 생각을 해 주세요.

뒤에 목적어, 보어, 부사 등을 줄줄이 달고 오는 동사의 성질은 동사가 둔갑을 해서 to부정사, 동명사, 분사가 되어도 그대로 유지가 된답니다. 즉! to부정사, 동명사, 분사는 둔갑을 해서 동사라는 이름으로 불릴 수는 없지만 동사 시절 뒤에 달고 오던 것들은 둔갑을 해도 그대로 달고 온다는 거지요.

네, 맞아요. 제가 그동안 누누이 강조했던 바로 '달고 오는 것들'에 대해 얘기하려고 해요.

달고 오는 것들은 문장이 길어지는 이유 중의 하나예요. 꾸미는 것들, 절과 절이 만나는 것들과 더불어 잘 살펴 두면 긴 문장이 더 이상 괴롭지 않을 거예요.

예를 들어 볼게요.

- Watching me closely, the dog came to me.

우리는 Watching me closely가 분사구문이라는 걸 알았어요. 그리고 Watching은 (현재)분사였고요. Watching은 동사가 동사의 자리인 주어 뒤에 있지 못하고 다른 자리로 가서 분사로 둔갑을 한 것이었어요. 그런데 둔갑형은 출신이 동사라 동사의 성질을 그대로 가지고 있잖아요. '목적어, 보어, 부사 등을 달고 온다'라는 성질도 마찬가지로 갖고 있어요.

Watching me closely, the dog came to me가 원래 As the dog watched me closely, the dog came to me였던 거 기억나지요?

둘을 비교해 보면 분사구문의 Watching과 부사절의 watched 뒤가 동일해요. 결국 둔갑형인 동사나 시제 변화에 쓰인 동사나 그 뒤에 오는 건 동일하다는 얘기랍니다. 이거 너무너무 중요해요.

시제 변화에 쓰였건, 둔갑형에 쓰였건 동사 뒤에는 무조건 목적어, 보어, 부사 등이 줄줄이 따라올 수 있다는 얘기예요.

시제 변화 동사 뒤에 있는 목적어, 보어, 부사 등은 눈에 팍 띄고 시선을 분산시키지도 않아요. 그런데 둔갑형 뒤에 있는 목적어, 보어, 부사 등은 눈에도 잘 띄지 않고요, 시선마저 분산시켜요. 이 골 때리는 와중에 둔갑형 뒤에 오는 목적어, 보어, 부사 등등, 즉 둔갑형이 달고 오는 것들을 잘 잡아내는 일은 지구를 구하는 일만큼이나 중차대한 일이랍니다. 얘네들을 제대로 잡아내지 못하면 문장 자체가 실타래처럼 꼬여 버리는 거지요.

맑은 물에 물감을 조금만 떨어뜨려도 진짜 물의 색깔을 알아볼 수 없는 것처럼 둔갑형이 달고 오는 것들을 제대로 묶어 주지 못하면 문장이 진흙탕이 되고 말아요. 큰일 나요.

　우리는 둔갑형을 만난 순간 그 뒤에 자연스럽게 따라붙을 목적어, 보어, 부사 등을 염두에 두고 있다가 매의 눈으로 잡아내서 분리를 해 두어야 해요. 이 달고 오는 것들(목적어, 보어, 부사 등등)이 둔갑형과 한 무리를 이루고 있으면 상관이 없지만 엉뚱한 데서 자리를 잡으려고 들면 악몽의 시작이라는 거 꼭 유념해 두세요!

　달고 오는 것들의 개념을 넣어서 문장 분석을 다시 해 볼게요.

Watching　　me　　closely,　　the dog　　came　　to　　me.
현재분사　　목적어　　　부사　　　　주어　　　동사　전치사 (대)명사

　달고 오는 것들은 개념 자체도 어렵지 않고요, 찾는 일도 그리 어렵지 않아요. 그런데 딱히 어렵지 않은 것들이 문제가 되는 이유는 개념을 알고 있음에도 불구하고 막상 문장 분석을 할 때는 긴장을 하거나 얼어서 잘 잡아내지 못하기 때문이에요.
　제가 여러분께 알려드리는 해결법은 이래요. 둔갑형이 눈에 띄는 순간 달고 오는 것들이 같이 생각 나야 해요. 그럼 문제는 간단해지고요. 전치사구와 부사를 버리는 것만큼이나 문장 해석에 속도를 줄 수 있어요. 영어 문장 자체를 간단하게 만들어 버리는 것은 물론이고요.
　'동사가 동사의 자리에 있지 않고 다른 자리로 가서 둔갑을 해도 출신이 동사인 to부정사, 동명사, 분사는 동사의 성질을 그대로 간직하고 있으므로 목적어, 보어, 부사 등을 달고 온다'는 걸 꼭 기억하고 반드시 찾아서 '달고 오는 것들'이라고 표시를 해 주세요.

달고 오는 것들 (5번 쓰기)

1. 동사는 뒤에 목적어, 보어, 부사 등을 달고 온다.

   to부정사, 동명사, 분사는 둔갑을 해서 동사라는 이름으로 불릴 수는 없지만 동사 시절 뒤에 달고 온 것들은 둔갑을 했어도 그대로 달고 온다.

2. **Watching me closely, the dog came to me.**
   (분사구문)

   As the dog watched me closely, the dog came to me.
   (부사절)

   분사구문의 Watching과 부사절의 watched 뒤가 동일.
   둔갑형인 동사나 시제 변화에 쓰인 동사나 그 뒤에 오는 건 동일.
   시제 변화에 쓰였건, 둔갑형에 쓰였건 동사 뒤에는 무조건 목적어, 보어, 부사 등이 줄줄이 따라올 수 있다.

3. 둔갑형 뒤에 있는 목적어, 보어, 부사 등은 눈에 띄지도 않고 시선을 분산시킨다.
   둔갑형을 만난 순간, 그 뒤에 따라붙을 목적어, 보어, 부사 등을 염두에 두고 있다가 잡아내서 분리를 해 두어야 한다.

4 둔갑형 동사의 성질 (4)
- 부정할 수 있다

눈으로 읽거나 들을 때는 전혀 문제를 일으키지 않다가 작문을 하려고 하면 불쑥 나타나 사람 정신없게 만드는 것들 중의 하나가 부정문이랍니다. 사실 이것도 원칙은 간단한데 한번 꼬이면 감당이 안 되기도 하지요.
그렇다면 부정문을 확실히 짚어 보고 갈까요?

부정문이란 그야말로 부정을 하는 문장이에요. '아니다'로 요약할 수 있겠지요? 우리는 지금 동사의 부정을 공부하고 있지만 동사만 부정을 할 수 있는 것은 아니에요. 때로 명사도 부정을 해요. 대신 no를 사용해요. 예를 들면,

- I do not have money. (동사 do를 부정하는 not. 엄밀히 말하면 have를 부정하는 do not)
- I have no money. (명사 money를 부정하는 no)

동사를 부정할 때는 not이 일단 필요하겠지요? 원칙적으로 동사 뒤에 not을 붙이면 부정이 되는데 동사의 부정에는 약간의 규칙이 있어요.

169

1) 동사를 be동사, 조동사, 일반동사로 나누고
2) be동사, 조동사인 경우에는 무조건 뒤에 not을 붙이고
3) 일반동사인 경우 시제에 따라 do not(does not), did not을 쓰고 뒤의 동사는 원형으로 바꾼다.
4) 동사가 두 개 이상이면 무조건 첫 번째 동사 뒤에 not을 붙인다.

예를 들어 볼게요.

- I am hungry. → I am not hungry.

여기서 am은 be동사이므로 뒤에 not을 붙이기만 했어요. 끝!

- I can speak English. → I can not speak English.

여기서 can은 조동사이므로 이것도 뒤에 not을 붙이고 끝!

- I go home. → I do not go home.

go가 일반동사라 do not이 들어갔어요.

- She goes home. → She does not go home.

goes가 일반동사이고 3인칭 단수라 do의 3인칭인 does를 써서 does not이 들어갔어요. 여기서 goes를 동사원형인 go로 바꾸는 것이 중요해요.

- I went home. → I did not go home.

went는 일반동사이고 과거예요. 그래서 do의 과거형인 did를 써서 did not이 들어갔어요. 역시 went를 동사원형인 go로 바꾸었어요.

- She went home. → She did not go home.

went는 일반동사이고 과거예요. 역시 did not이 들어갔어요. went 는 동사원형으로 바꾸었고요.

- You are speaking English.
  → You are not speaking English.

여기서 동사 부분은 are, speaking이고 두 개예요. 이런 경우 무조 건 첫 번째 동사 뒤, 즉 are 뒤에 not을 붙이면 돼요.

- English has been being spoken by you.
  → English has not been being spoken by you.

좀 어색한 문장이지만 동사 시제의 구조 파악을 위해서 열심히 썼던 문장이지요. 이것도 마찬가지예요. 동사가 has been being spoken으 로 네 개나 있지만 부정할 때는 무조건 첫 번째 동사 has 뒤에 not을 붙이면 돼요.

둔갑형의 부정은 딱 하나예요. 둔갑형 앞에 not을 붙인다. 끝!

- to go - not to go (to부정사)
- going - not going (동명사, 현재분사)
- gone - not gone (과거분사)

둔갑형의 부정 10번 쓰기

1. 부정문이란 부정을 하는 문장.

    동사만 부정을 할 수 있는 것이 아니라 명사도 부정할 수 있음.

    동사를 부정할 때는 not을 쓰고, 명사를 부정할 때는 no를 씀.

    I do not have money. (동사 do를 부정하는 not)

    I have no money. (명사 money를 부정하는 no)

2. 동사 부정의 원칙

    원칙적으로 동사 뒤에 not을 붙이면 부정이 되나 동사의 부정에는 약간의 규칙이 있음.

    ① 동사를 be동사, 조동사, 일반동사로 나누고

    ② be동사, 조동사인 경우에는 무조건 뒤에 not을 붙이고

    ③ 일반동사인 경우 시제에 따라 do not(does not), did not을 쓰고 뒤의 동사는 원형으로 바꿈.

    ④ 동사가 여러 개 나란히 있을 때는 첫 번째 동사 뒤에 not을 붙임.

3. 둔갑형의 부정

    둔갑형 앞에 not을 붙인다.

    to go → not to go

    going → not going

    gone → not gone

5 수동태 복습

동태는 동태인데 먹을 수 없는 동태 두 가지는 뭘까요?
푸하하하, 너무 유치한 질문이었나요? 네, 상상하시는 대로 능동태와 수동태랍니다.

능동태는 우리가 5형식에서 보는 '~가 ~한다' 스타일의 문장이에요. 달리 말하면 주어가 어떤 행위를 하는 상태예요.

수동태는 주어가 행위를 당하는 것으로 '~가 ~해진다'지요.

수동태는 쉬운 문법은 아니에요. 딱히 법칙이 골치 아픈 건 아닌데 한국 사람인 우리한테 어렵게 느껴질 수밖에 없어요. 우리말과 수동태의 쓰임이 좀 다르기도 하고요. 우리말에선 그리 많이 쓰이지 않는 수동태가 영어에서는 무지 많이 쓰이거든요.

수동태는 감정을 나타내는 경우에도 생각보다 훨씬 많이 쓰인다고 이미 말씀드렸지요. 그 외에도 생활 속에서 유용하게 쓰는 표현들이 대단히 많아요. 특히나 뭔가 품격이 넘치는 문장을 만들 때 제격이지요. 수동태의 여러 유형들은 차차 보기로 하고요. 여기선 일단 수동태의 기본을 다시 한 번 복습해 보겠어요.

수동태는 일단 능동태에서 시작을 해요. 즉 어떤 수동태도 원칙적으로 다 능동태로 바꿀 수 있어요. 수동태의 올바른 이해는 능동태로 올

바로 바꿀 수 있을 때 가능하다는 것을 잊지 마세요.

| 수동태가 가능한 문장

능동태를 수동태로 바꾸기 위해서는 반드시 목적어가 필요하답니다. 목적어가 없는 문장은 수동태가 될 수가 없어요. 그래서 수동태가 가능한 문장은 3, 4, 5형식이에요.

| 3형식을 수동태로 바꾸기

- I love him.

1) 목적어를 주어로 하고
2) 동사는 be동사 + p.p.로 바꾸고
3) 주어는 by + 목적격으로 바꾼다.
원칙에 따라 바꾸어 볼까요?
→ He is loved by me.

| 4형식을 수동태로 바꾸기

- I give him a book.

4형식은 주어 + 수여동사 + 간접목적어 + 직접목적어예요. 목적어가 두 개라 수동태도 두 가지가 존재해요.

이 경우에는 간접목적어를 주어로 쓰는 수동태와 직접목적어를 주어로 쓰는 수동태로 나누어 생각해야 해요. 먼저 간접목적어 him이 주어로 오는 경우는 직접목적어를 동사 다음에 그대로 두면 돼요.

→ He is given a book by me.

직접목적어 a book을 주어로 쓰는 수동태의 경우는 간접목적어를 동사 다음에 쓰지만 전치사 to와 같이 써요. 어떤 전치사를 써야 하는지는 동사에 따라 달라요. 이건 나중에 한 번 더 다룰 거예요.

→ A book is given to him by me.

| 5형식을 수동태로 바꾸기

5형식은 주어 + 동사 + 목적어 + 목적격보어로 이루어져 있지요. 목적어가 있으므로 수동태가 가능하고요. 3형식과 같은 원리로 수동태로 간단하게 바꿀 수 있어요. 목적어는 주어로, 동사는 be + p.p.로, 주어는 by + 목적격으로 간단하게 바꿀 수 있고요. 목적격보어는 거기에 그냥 두면 돼요.

예문을 들어 볼게요.

■ I call him Tom.

5형식의 특징은 주어, 동사의 개념이 두 개 있는 거라고 했어요. 즉,

175

I call과 him Tom이 두 개의 짝을 이루고 있어요. '나는 부른다, 그는 톰이다' 식의 두 개의 주어, 동사 개념이 이해가 가지요?

문장 분석을 살짝 해 보자면

    I   call   him   Tom
  주어   동사   목적어   목적격보어

수동태로 바꾸면

→ He is called Tom by me

| 수동태로 바꾸기 위한 큰 그림

사실 능동태를 수동태로 바꾸는 일은 간단 그 자체예요.
1) 목적어를 주어로
2) 동사는 be동사 + p.p.로
3) 주어는 by + 목적격으로
딱 요거예요. 다만 4형식에서 직접목적어가 주어로 쓰인 경우 간접목적어에 to를 붙이는 것만 조심하고요. 4, 5형식의 직접목적어, 목적격보어는 그냥 그 자리에 두면 된답니다.

| by + 목적격은 생략 가능

수동태에서 또 하나 중요한 건 by + 목적격을 생략할 수 있다는 거예

요. 그래서 수동태는 행위의 주체가 애매한 경우에 많이 사용할 수 있어요. 즉 어떤 행위가 일어났는데 누가 했는지 잘 모르겠거나 밝히고 싶지 않다면 능동태로 쓰지 않고 수동태로 쓰는 거지요.
예를 들어 '내가 실수를 했어요'를 문장으로 만들어 볼까요?

→ I made a mistake.

그런데 꼭 내가 했다고 밝히고 싶지 않다면 수동태로 만드는 거예요.

→ A mistake was made by me.

by + 목적격은 생략이 가능하니 살짝 빼는 거지요. 그래서 A mistake was made가 되었어요. 꼭 내가 아니더라도 실수를 한 주체가 불분명하거나 밝히고 싶지 않을 때 쓸 수 있는 문장이에요.

| 수동태의 문장 분석

문장 분석을 할 때 우리는 수동태는 그냥 수동태라고만 쓸 거예요. 그리고 수동태는 반드시 능동태로 바꾸는 습관을 들여 주세요.
예를 들어 위의 수동태 문장들을 문장 분석 하면,

→ He is loved by me.
   주어   수동태   전치사 명사

저는 편의상 전치사, 명사를 썼지만 여러분들께서 노트에 분석을 할 때 전치사에 동그라미를 치고 명사에는 줄만 치면 돼요.

그리고 이렇게 수동태 문장을 만났으면 근처에 반드시 원래의 문장, 즉 능동태의 문장 I love him을 써 주세요.

He   is given   a book   (by)   me.
주어   수동태   직접목적어   전치사   명사
(간접목적어)

A book   is given   (to)   him   (by)   me.
주어   수동태   전치사   명사   전치사   명사
(직접목적어)

여기서도 저는 편의상 전치사, 명사를 썼지만 여러분들께서 노트에 분석을 할 때 그냥 전치사에 동그라미 치고 명사에는 줄만 치면 돼요. 원래의 능동태 문장인 I give him a book도 반드시 써 주고요.

He   is called   Tom   (by)   me.
주어   수동태   목적격보어   전치사   명사

마찬가지로 여러분들께선 전치사에 동그라미 치고 명사에는 줄만 치면 돼요. I call him Tom도 써 주고요.

수동태 복습 _{2번 쓰기}

1. 능동태를 수동태로 바꾸기 위해서는 반드시 목적어가 필요.
   목적어가 없는 문장은 수동태로 바꿀 수 없음.
   수동태가 가능한 문장은 3, 4, 5형식.

2. 3형식을 수동태로 바꾸기
   I love him.
   ① 목적어를 주어로 하고
   ② 동사는 be동사 + p.p.로 바꾸고
   ③ 주어는 by + 목적격으로 바꾼다.
   위의 원칙에 따라 바꾸면 → **He is loved by me.**

3. 4형식을 수동태로 바꾸기
   I give him a book.
   4형식은 주어 + 수여동사 + 간접목적어 + 직접목적어.
   목적어가 두 개, 즉 간접목적어 him과 직접목적어 a book. 수동태도 두 가지.
   간접목적어가 주어가 되면 직접목적어는 그대로 쓰고,
   → **He is given a book by me.**
   직접목적어를 주어로 쓰면 간접목적어 앞에 전치사를 붙임.
   → **A book is given to him by me.**

4. 5형식을 수동태로 바꾸기

I call him Tom.

5형식은 주어+동사+목적어+목적격보어.

3형식과 같은 원리로 수동태로 간단하게 바꿀 수 있음.

목적어는 주어로, 동사는 be+p.p.로, 주어는 by+목적격으로 바꿀 수 있고 목적격보어는 거기에 그냥 둠.

5형식의 특징은 주어, 동사의 개념이 두 개 있는 것. 즉, I call과 him Tom이 두 개의 짝을 이룸.

I	call	him	Tom.
주어	동사	목적어	목적격보어

→ **He is called Tom by me.**

5. 수동태로 바꾸기 위한 큰 그림

① 목적어를 주어로

② 동사는 be동사+p.p.로

③ 주어는 by+목적격으로

　다만 4형식에서 직접목적어가 주어로 쓰인 경우, 간접목적어에 to를 붙이는 것만 명심.

④ 4형식의 직접목적어와 5형식의 목적격보어는 그냥 그 자리에 두면 됨.

6. by+목적격은 생략 가능.

    수동태에선 by+목적격을 생략할 수 있음. 그래서 수동태는 주어가 애매한 경우에 많이 사용할 수 있는 문장.

    즉 어떤 행위가 일어났는데 주어가 애매하거나 밝히고 싶지 않다면 능동태로 쓰지 않고 수동태로 씀.

    I made a mistake.
    → **A mistake was made by me.**
    → **A mistake was made.**

7. 문장 분석을 할 때 우리는 수동태는 그냥 수동태라고만 씀.

    수동태는 반드시 능동태로 바꾸는 습관을 들임.

    ① **He is loved (by) me.**
       주어 수동태 전치사 명사

    능동태는 **I love him.**

    ② **He is given a book (by) me.** (간접목적어가 주어가 됨)
       주어 수동태 직접목적어 전치사 명사

       A book is given (to) him (by) me. (직접목적어가 주어가 됨)
       주어   수동태 전치사 명사 전치사 명사

    능동태 문장은 **I give him a book.**

    ③ **He is called Tom (by) me.**
       주어 수동태 목적격보어 전치사 명사

    능동태 문장은 **I call him Tom.**

6 둔갑형 동사의 성질 (5)
- 수동태로 바꿀 수 있다

 이번 글에서는 마지막 동사의 성질인 '수동태로 바꿀 수 있다'를 공부할 거예요. 사실 마지막이라고 말씀드리기는 하지만 동사의 성질이 말씀드린 달랑 다섯 가지만 있을 리는 없겠지요? 그래도 일단 다섯 가지를 염두에 두면 크고 튼튼한 문법의 집을 짓는 데는 아무 문제가 없답니다.
 동사의 성질이 시제 변화 동사일 때와 둔갑형일 때 어떻게 다르게 발현되는지를 살피는 일이 얼마나 중요한지는 더 이상 말씀드리지 않겠어요. 아니 계속 말씀드리겠어요.
 푸하하하. '더 이상 말하지 않겠다'는 건 '정말 중요해서 앞으로도 계속 말하겠다'의 반어적 표현이라는 것은 다 아는 사실인데, 그런데도 소심한 저는 대놓고 말해야 마음이 놓이네요.
 동사의 성질 이해는 정말 중요해요. 계속 말씀드리겠어요.
 자, 그럼 시제 변화 동사에서는 be + p.p.(과거분사)로 쓰이는 수동태가 둔갑형에서는 어떻게 쓰이는지 볼까요?

| to부정사의 수동태

모든 둔갑형이 그렇듯 to부정사도 단순형과 완료형 두 가지가 있어요. 그리고 그 단순형과 완료형의 수동태는 다음과 같아요.

to be + p.p. (단순형)
to have been + p.p. (완료형)

예문을 볼까요?

- She wants to be paid.

to be paid는 수동태겠지요? be + p.p. 형태를 취하고 있으니까요. 단순형이라는 것도 기억해 주세요. 해석은 같아요. 수동의 의미로 해 주세요. '그녀는 지불되어지기를 원한다.'

- He pretended to have been hit by a car.
  (완료) (수동)

to have been hit은 have been이 완료의 형태고요, been hit은 수동의 형태예요. 전에 배운 대로 둔갑형이 완료인 이유는 문장 속 시제 동사와 비교해서 먼저 일어난 일이기 때문이고요. 여기서는 먼저 일어난 일이 수동의 의미를 가지고 있어요.
문장 분석을 해 볼까요? 일단 by a car라는 전치사구가 보여요. 과감하게 버리고 시작해 볼까요. He는 주어예요. pretended는 동사이고 단순과거예요. '그는 주장했다'(거짓으로 주장했다는 의미)라고 해석할 수 있어요. 무엇을 주장했을까요? to 이하를 주장했다고 볼 수 있어요. to

이하는 pretended라는 동사의 목적어예요.

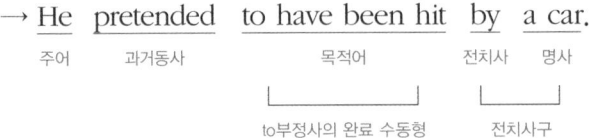

to have been hit이 목적어인 상황에서 완료형이므로 그 시제는 pretended보다 앞선다는 것을 알 수 있어요. 즉, 주장한 것은 과거고요, 부딪힌 것은 더 과거의 일이에요. hit은 그 앞에 been이 있으므로 수동의 의미가 되겠지요?

정리해서 해석을 하면 '그는 차에 의해서 부딪혔었다고 (거짓으로) 주장했다'인데요. 여기서 pretended는 거짓을 주장하는 경우에 쓰이므로 '그는 차에 의해서 부딪혔었던 척했다'로 해도 좋아요.

그리고 하나 더! 위의 문장에서 by a car는 전치사구로서 to부정사가 달고 온 거예요. 즉 by a car라는 전치사구는 문장 전체의 전치사구가 아니라 to부정사에 딸려 달고 온 것들이라는 거지요.

| 동명사의 수동태

동명사도 둔갑형인지라 단순형과 완료형 두 가지가 있겠지요? 수동 태도 그래서 각각 두 개가 있고요.

being + p.p. (단순형)
having been + p.p. (완료형)

- She enjoys being photographed.
'그녀는 즐긴다~'로 시작하는 이 문장은 목적어가 필요하고요. 목적어 자리에 동명사가 왔어요. 목적어 자리에는 명사가 와야 하고 동명사는 명사의 일을 하니 아무 문제가 없어요. 그런데 동명사가 수동의 의미네요? '그녀는 사진 찍히는 것을 즐긴다'로 해석하면 좋겠어요.

- I deny having been involved.
'나는 부인한다'로 시작되는 이 문장도 목적어가 필요하고요. 목적어 자리에 동명사가 완료 수동형으로 왔어요. 완료형을 취했으니 deny보다 먼저 일어난 일이겠고요. 수동이니 '~해지다'로 해석하면 되겠지요? '나는 연루되었었다는 걸 부인한다.'

| 분사의 수동태

분사는 두 가지가 있어요. 현재분사와 과거분사. 그런데 과거분사는 이미 그 안에 수동의 의미를 내포하고 있으므로 수동형을 만드는 것이

의미가 없어요. 그래서 우리는 현재분사의 수동형만 공부할 거예요.
현재분사의 수동형도 단순형과 완료형 두 가지고요. 형태는 동명사와 같아요. 동명사와 현재분사는 같은 모양을 하고 있다는 것 기억하지요?

being + p.p. (단순형)
having been + p.p. (완료형)

예문을 살펴볼까요?

- (Being) Hidden by the trees, Tom waited to scare Kevin.

위의 문장은 분사구문을 포함하고 있어요. 분사구문은 부사절로 바꾸는 것이 중요하다는 것 기억하나요?
Being hidden은 현재분사의 단순형 수동태이고, being 없이 Hidden만 있으면 과거분사로 보면 돼요. 둘 다 수동의 의미를 가지고 있어요. 의미상의 주어는 주절의 주어와 같고, 단순형 수동태의 분사구문이니까 시제는 주절의 시제와 같아요. 따라서 분사구문만 따로 해석하면 '톰은 나무에 가려졌다'라고 해석할 수 있어요.
분사구문은 주절을 꾸며 주는 부사절이니까 주절의 의미를 고려해 재해석해 주면 돼요. 전체 해석은 '(톰은) 나무들에 가려져서(가려진 상태로), 톰은 케빈을 놀라게 하려고 기다렸다'로 하는 것이 좋겠어요.

- (Having been) Sent to the wrong address, the letter was returned.

위의 문장도 분사구문을 포함하고 있어요. Having been + p.p.의 형태인 것을 보면, 현재분사의 완료형 수동태인 것을 알 수 있어요. 분사구문이 수동태이면서 시제가 주절의 시제보다 더 과거라는 의미예요.
분사구문만 먼저 해석을 하면 주절의 the letter가 주어가 되어, '편지는 잘못된 주소로 보내졌다'로 해석할 수 있어요. 완료형이므로 보내진 시점은 주절의 시점보다 더 과거예요. 주절은 '편지가 반송됐다'로 해석할 수 있어요. 잘못된 주소로 보낸 것이 편지가 반송된 이유가 되겠지요. 그러면 전체적으로는 '편지가 잘못된 주소로 보내져서, 편지는 반송되었다'라고 해석할 수 있어요. 해석이 약간 어색해 보이면 '잘못된 주소로 보내, 그 편지가 반송됐다'로 해석하면 되겠어요. 여기에서도 having been이 생략되어 있으면 과거분사로 보면 돼요.

분사구문이 얼마나 중요한지는 정말 말로 다 못 해요. 너무너무 중요해요. 분사구문이 풀리지 않으면 평생 영어의 문을 열 수 없다고 생각해요. 막상 들어가 보면 뭐 그리 거룩한 문법도 아니에요. 영어의 큰 계단을 오르지 못하고 동동거리는 분들 중 많은 분들이 분사구문의 늪에 빠진 경우예요. 정말 많아요.
분사구문은 원래 부사절이 출발점이었으므로 부사절로 바꿀 줄만 알면 사실 해결이 다 나게 되어 있어요. 분사구문을 분사구문이라고 제대로 부를 수 있는 것이 중요해요.
분사구문을 분사구문이라고 부르는 방법에 대해서는 이미 자세히 공부했어요. 그래도 앞으로 또 예문을 통해서 무지막지하게 보긴 할 거예요. 특히나 작문을 한다는 가정 하에서 볼 준비도 하고 있어요.
어쨌든 여러분들께서는 일단 숙제를 열심히 해 주세요.

문갑형의 수동태 (10번 쓰기)

1. to부정사의 수동형

    - to be + p.p. (단순형)

        She wants to be paid. 그녀는 지불되어지는 것을 원한다.

    - to have been + p.p. (완료형)

        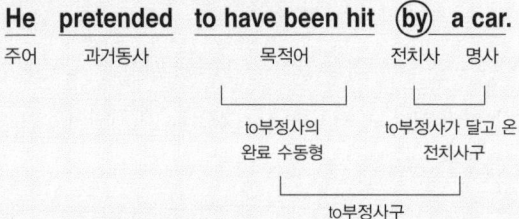

        그는 차에 부딪혔던 척했다.

2. 동명사의 수동형

    - being + p.p. (단순형)

        She enjoys being photographed. 그녀는 사진 찍히는 것을 즐긴다.

    - having been + p.p. (완료형)

3. 현재분사의 수동형

    과거분사는 수동의 의미를 내포하고 있어 수동형을 만드는 것이 의미 없음.

    - being + p.p. (단순형)

        (Being) Hidden by the trees, Tom waited to scare Kevin.

        나무들에 가려진 채, 톰은 케빈을 놀라고 하려고 기다렸다.

    - having been + p.p. (완료형)

        (Having been) Sent to the wrong address, the letter was returned.

        잘못된 주소로 보내져서, 그 편지는 반송되었다.

7 둔갑형에서의 동사의 성질 정리

　동사를 시제 변화와 둔갑으로 나누어서 볼 수 있는 눈을 가지는 것은 튼튼한 영어 집을 짓기 위한 첫 삽과도 같아요. 동사를 반드시 시제 변화와 둔갑으로 나누어서 보아야 동사가 가지런히 정리가 돼요. 두 개를 명확하게 나누는 눈 없이 문법을 상대하면 결국 난장판 문법 속을 헤매게 되어 있어요.

　주어 다음에 오는 시제 변화는 무조건 You speak English의 울타리 안에서 생각하면 되니 복잡할 것이 없겠지요? 큰 그림은 금세 그릴 수 있어요.

　주어 다음으로 가지 못하고 명사, 형용사, 부사 자리로 가서 to부정사, 동명사, 분사로 둔갑을 한 동사는 이제 동사의 성질을 맘껏 나타낼 수가 없어요. 속은 여우지만 겉은 사람인 구미호처럼, 속은 동사지만 겉은 명사, 형용사, 부사 일을 해야 하는 to부정사, 동명사, 분사는 사람인 척해야 해서 여우의 삶이 쉽지 않은 구미호처럼 동사 일을 하는 것이 쉽지 않답니다.

　둔갑형이 동사 일을 할 때에는 약간의 새로운 원칙이 필요해요. 그래서 우리는 그 새로운 원칙들을 그동안 열심히 공부했는데요, 마지막으로 다시 한 번 정리를 해 보려고 해요.

일단 동사의 성질이 뭔지 다시 살펴볼까요?

> ① 주어를 가진다.
> ② 시제를 가진다.
> ③ 목적어, 보어, 부사 등을 달고 온다.
> ④ 부정할 수 있다.
> ⑤ 수동태로 바꿀 수 있다.

동사의 성질이 이렇게 다섯 개만 있는 것은 아니에요. 그러나 우리는 이 다섯 개만 가지고 둔갑형에서 이 동사의 성질을 어떻게 나타내는지 살펴보았어요.

해결책을 다시 정리해 볼까요?

1. 주어를 가진다 - 의미상의 주어를 사용한다.
2. 시제를 가진다 - 시제 동사와 비교한다.
3. 목적어, 보어, 부사 등을 달고 온다 - 이건 거저먹기다. 시제 동사와 같다. 그냥 둔갑형에서도 뒤에 달고 온다.
4. 부정할 수 있다 - 둔갑형의 앞에 not만 붙이면 끝!
5. 수동태로 바꿀 수 있다 - 둔갑형도 be + p.p.의 형태를 사용한다.

조금만 더 자세히 가 볼까요?

1. 주어를 가진다 - 의미상의 주어를 사용한다.
   to부정사의 의미상의 주어 - for + 목적격
   동명사의 의미상의 주어 - 소유격
   분사의 의미상의 주어 - 꾸밈을 받는 명사
2. 시제를 가진다 - 시제 변화 동사와 비교한다.
   - 단순형과 완료형을 이용해서 비교한다.
   - 단순형이면 문장의 시제 변화 동사와 시제가 같고, 완료형이면 문장의 시제 변화 동사의 시제보다 먼저 일어난 일로 간주한다.
   • to부정사
   to + 동사원형 (단순형)
   to have + p.p. (완료형)
   • 동명사
   - ing (단순형)
   having + p.p. (완료형)
   • 분사
   - ing (단순형)
   having + p.p. (완료형)
3. 목적어, 보어, 부사 등을 달고 온다 - 이건 거저먹기다. 시제 동사와 같다. 그냥 둔갑형에서도 뒤에 달고 온다.
   - 문장 속에서 둔갑형을 만났을 때 그 뒤에 목적어, 보어, 부사 등을 달고 왔을 확률이 높다는 것을 생각해서 반드시 달고 온 것들을 찾아 둔갑형에 묶어서 보는 것이 대단히 중요하다.
4. 부정할 수 있다 - 둔갑형의 앞에 not만 붙이면 끝!
   • not to go
   • not going

- not having gone 등등

5. 수동태로 바꿀 수 있다 - 둔갑형도 be + p.p.의 형태를 사용한다.

- to be done
- being done
- having been done

둔갑형에서 동사의 성질

1. 동사의 성질
    - 주어를 가진다.
    - 시제를 가진다.
    - 목적어, 보어, 부사 등을 달고 온다.
    - 부정할 수 있다.
    - 수동태로 바꿀 수 있다.

2. 둔갑형에서 동사의 성질을 나타내는 방법
    - 주어를 가진다 – 의미상의 주어를 사용한다.
    - 시제를 가진다 – 단순형과 완료형으로 시제를 나타낸다.
    - 목적어, 보어, 부사 등을 달고 온다 – 그냥 둔갑형에서도 뒤에 달고 온다.
    - 부정할 수 있다 – 둔갑형의 앞에 not만 붙이면 끝!
    - 수동태로 바꿀 수 있다 – 둔갑형도 be + p.p.의 형태를 사용한다.

문장 분석의 큰 그림 다시 생각하기

저는 요즘 쐐기문자와 이집트 상형문자를 열심히 탐색 중이에요. 이번에 본격적으로 시작하는 250개 언어 안에는 현대에는 쓰지 않는 언어들도 웬만하면 다 집어넣어서 공부하려고 해요. 인도에서 쓰는 두세 개의 문자를 더 집어넣고 만주어까지 집어넣으면 이제 새로운 문자는 거의 다지 싶어요. 일단 큰 욕심 부리지 않고 내년 말까지는 쐐기문자와 이집트 상형문자를 중심으로 살살 진행시키려고 해요.

쐐기문자와 이집트 상형문자는 다들 기본 알파벳이 어찌나 많은지···. 무사히 왕초보 단계를 지나가기 위해 열심히 아마존(교재 구입)과 유튜브, 위키피디아 등을 탐색하다 보면 "어이구 내 팔자야~" 소리가 저절로 막 나와요.

팔자타령과 더불어 앞으로 또 얼마나 많은 밤을 부담감에 지새울 것인가 걱정이 되기도 하지만 그래도 가슴이 설레서 미치겠어요. 인류 최초의 문자인 쐐기문자와 이집트 상형문자의 고비만 잘 넘기면 전 세계 언어를 모두 구경하고 싶은 꿈에 한 걸음 크게 다가설 수 있을 거라고 생각해요.

250개까지만 일단 잘 넘기면 그후는 더 쉬워지지 않을까 싶어요. 어학 공부를 하며 가장 어려웠던 순간은 역시 불어의 고비를 넘던 순간 같아요. 10개 언어 공부는 불어 하나 때보다 더 쉬웠어요. 73개를 공부하는 일은 10개를 공부하던 것보다 훨씬 쉬웠고요. 그렇다면 250개를 공부하는 일은 73개를 공부하는 일보다 더 쉽겠지요? 250개 언어의 왕초보 단계만 마치면 그다음엔 아예 세계의 모든 언어를 향해서 달리려고 해요.

쐐기문자와 이집트 상형문자가 고비일 거예요. 얘네 둘만 무사히 극복할 수 있으면 나머지는 시간 싸움일 거라고 생각해요. 두렵긴 하지만 꼭 해내고 싶어서 심장이 이렇게 방망이질을 쳐 대니 성공할 수 있을 거라고 굳게 믿고 있답니다!

뭐든 큰 그림을 잘 잡아서 조바심 내지 않고 차분차분 하루, 아니 순간순간만 잘 보내면 다 성공할 수 있을 거라고 전 믿어요. 순간이 모여서 결국 긴 시간이 되는 거잖아요. 그러니 너무 길게 보지 말고 오직 그 순간에만 충실하면 된다고 생각해요.

이제 문법의 기본이 마무리되어 가고 본격적인 문장 분석을 앞두고 있어요. 그런 의미에서 문장 분석의 큰 그림을 다시 한 번 그려 볼까 봐요.

1. 문장 분석이란?

문장 분석이란 영어의 모든 문장을 수학처럼, 혹은 건물의 설계도면처럼 기계적으로 분석하는 거예요. 100%가 목표이긴 하지만 숙어라는 복병이 있어서 100%라고 말씀드릴 수는 없어요. 그러나 체감적으로는 100%라고 느낄 수 있는 방법이에요.

2. 영어는 언어인데 수학처럼, 혹은 설계도처럼이 가능한가?

네, 가능해요. 그게 바로 영어예요. 영어는 가지치기의 결정판이라고 불러도 좋을 만큼 구조가 간략화되어 있는 언어예요.

조금만 떨어져서 보면 몇 가지 원칙만으로 영어를 분석해서 볼 수 있어요.

3. 영어 말고 다른 언어도 이렇게 기계적으로 혹은 수학적으로 분류해서 간략하게 볼 수 있을까?

원칙적으로 맘만 먹으면 모든 언어가 다 가능해요. 그러나 영어가 흑백 그림 같다면 다른 언어들은 색을 좀 더 많이 가진 컬러 그림이라고 말씀드릴 수 있을 거 같아요. 그래도 영어만큼 수학적으로 기계적으로 간단하게 분석을 해서 볼 수 있는 언어는 흔하지 않아요.

4. 문장 분석의 기본, 혹은 순서

1) 전치사구와 부사를 버린다.

뼈대를 남기기 위한 과정이에요. 전치사구와 부사는 단어 뜻만 알면 간단히 해결할 수 있으므로 습관적으로 버려서 문장을 단순화하는 능력을 키우려고 해요.

2) 접속사를 찾는다.

접속사를 찾아서 분석의 단위를 주어, 동사 하나씩 가진 하나의 절로 단순화시키는 작업이 대단히 중요해요. 접속사 문법에서는 관계대명사절을 제대로 이해하는 것이 중요하고요.

3) 기본 5형식을 따진다.

접속사를 찾아 하나의 절로 단위를 좁혀 놓았다면 기본 5형식을 따지는 거지요. 기본 5형식만 제대로 따질 수 있으면 사실 나머지는 둔갑의 문제뿐이에요. 기본 5형식에서는 마지막 형식인 5형식만 제대로 이해하면 간단해요.

4) 둔갑을 살핀다.

둔갑은 동사가 동사의 자리(시제 변화), 즉 주어 다음에 있지 못하고 다른 자리인 명사, 형용사, 부사의 자리로 가서 to부정사, 동명사, 분사와 같은 형태로 바뀌는 것을 말해요.

이 중 속을 썩이는 분사를 해결하고요, 둔갑을 분석하는 과정에서 달고 오는 것들을 신속하게 잡아내는 거예요. 얼마나 빨리 잡느냐에 따라서 영어의 속도 자체가 달라질 수 있답니다.

5) 생략을 살펴본다.

다음 책에서는 생략에 대해서도 아주 진지하게 공부를 할 거예요. 생략을 집요하게 파고들면 영어가 정말 명쾌해진답니다. 습관적으로 없어지는 애들을 습관적으로 데려다 놓고 원래의 문장을 보는 훈련만큼 영어를 명쾌하게 해 주는 일도 없답니다. 기대해 주세요. 절대 어렵지 않아요. 게다가 효과가 짱이랍니다.

5. 문장 분석을 좀 더 간단하게 표현하자면?
1) 단어, 구, 절을 구분해서 거기에 명사, 형용사, 부사의 이름을 주고
만일 명사면 주어, 보어, 목적어의 이름을 주고
형용사면 한정적인지 서술적인지 따지고
부사면 보통 그냥 해석(때, 장소, 조건, 이유, 목적, 결과, 방법, 정도 등 등)한다.
2) 동사면 시제 변화, 둔갑 둘 중에 무엇으로 쓰였는지 밝히고
만일 시제 변화로 쓰였으면 You speak English에서 공부한 이름을 주고
둔갑으로 쓰였으면 to부정사, 동명사, 분사 중 어느 것으로 쓰였는지 찾아서
거기에 명사, 형용사, 부사의 이름을 준다.

나무를 보는 일도 중요하지만 숲을 보는 일은 정말 중요해요. 나무만 보다 보면 길을 잃게 돼요. 그러나 숲을 보려고 하면 길을 잃지 않겠지요? 문장 분석의 큰 그림을 꼭 여러 번 생각해 주세요.

그런 의미에서 마지막으로 다음 내용을 5번씩 써 볼까요?

문장 분석의 주요 과정

1. 전치사구와 부사 버리기
2. 접속사 찾기
3. 5형식 따지기
4. 시제 변화와 둔갑 구분해서 이름 주기
5. 생략된 것 되살리기

문장 분석의 의미

1. 단어, 구, 절을 구분해서 거기에 명사, 형용사, 부사의 이름을 주고
   만일 명사면 주어, 보어, 목적어의 이름을 주고
   형용사면 한정적인지 서술적인지 따지고
   부사면 보통 그냥 해석(때, 장소, 조건, 이유, 목적, 결과, 방법, 정도 등등)한다.
2. 동사면 시제 변화, 둔갑 둘 중에 무엇으로 쓰였는지 밝히고
   만일 시제 변화로 쓰였으면 You speak English에서 공부한 이름을 주고
   둔갑으로 쓰였으면 to부정사, 동명사, 분사 중 어느 것으로 쓰였는지 찾아서
   거기에 명사, 형용사, 부사의 이름을 준다.